D1573794

Das perfekte STEAK

FÜR ECHTE MÄNNER

Das perfekte STEAK

FÜR ECHTE MÄNNER

AV ANDREA VERLAG

Copyright © Parragon Books Ltd

Neue Fotografie: Mike Cooper
Neue Rezepte und Food Styling: Lincoln Jefferson
Einleitung: Anne Sheasby
Projektmanagement: Alice Blackledge
Design: Beth Kalynka

Alle Rechte vorbehalten. Die vollständige oder auszugsweise Speicherung, Vervielfältigung oder Übertragung dieses Werkes, ob elektronisch, mechanisch, durch Fotokopie oder Aufzeichnung, ist ohne vorherige Genehmigung des Rechteinhabers urheberrechtlich untersagt.

Copyright © für die deutsche Ausgabe
Parragon Books Ltd
Chartist House
15–17 Trim Street
Bath BA1 1HA, UK

Realisation der deutschen Ausgabe: trans texas publishing, Köln
Übersetzung: Aggi Becker, Köln
Lektorat: Sebnem Yavuz, Erpel

Genehmigte Ausgabe für Andrea VerlagsGmbH
Coverdesign: Carmen Lang
Coverfoto: fotolia

ISBN 978-3-86405-048-0
Printed in China

Hinweis
Sofern die Schale von Zitrusfrüchten benötigt wird, verwenden Sie unbedingt unbehandelte Früchte. Sind Zutaten in Löffeln angegeben, ist immer ein gestrichener Löffel gemeint: Ein Teelöffel entspricht 5 ml, ein Esslöffel 15 ml. Sofern nicht anders angegeben, wird Vollmilch (3,5 % Fett) verwendet. Es sollte stets frisch gemahlener schwarzer Pfeffer verarbeitet werden. Bei Eiern und einzelnen Gemüsesorten, z. B. Kartoffeln, verwenden Sie mittelgroße Exemplare. Waschen und schälen Sie Wurzelgemüse vor seiner Verwendung, sofern es im Rezept nicht anders angegeben ist.

Garnierungen, Dekorationen und Serviervorschläge sind kein fester Bestandteil der Rezepte und daher nicht unbedingt in der Zutatenliste oder Zubereitung aufgeführt. Die angegebenen Zeiten können von den tatsächlichen abweichen, da je nach Zubereitungsmethode und vorhandenem Herdtyp Schwankungen auftreten. Optionale Zutaten, Variationen oder Serviervorschläge sind bei den Zeitangaben nicht berücksichtigt.

Kinder, ältere Menschen, Schwangere, Kranke und Rekonvaleszenten sollten auf Gerichte mit rohen oder nur leicht gegarten Eiern verzichten. Schwangere und stillende Frauen sollten den Verzehr von Erdnüssen oder erdnusshaltigen Zubereitungen vermeiden. Allergiker sollten bedenken, dass in allen in diesem Buch verwendeten Fertigprodukten Spuren von Nüssen enthalten sein könnten. Bitte lesen Sie in jedem Fall zuvor die Verpackungsangaben.

VORDERVIERTEL
SECHZEHN
HÜFTE & HINTERVIERTEL
VIERUNDVIERZIG
STEAK FÜR ZWEI
ZWEIUNDSIEBZIG
SAUCEN & BEILAGEN
ACHTUNDNEUNZIG
REGISTER
EINHUNDERTSECHSUNDZWANZIG

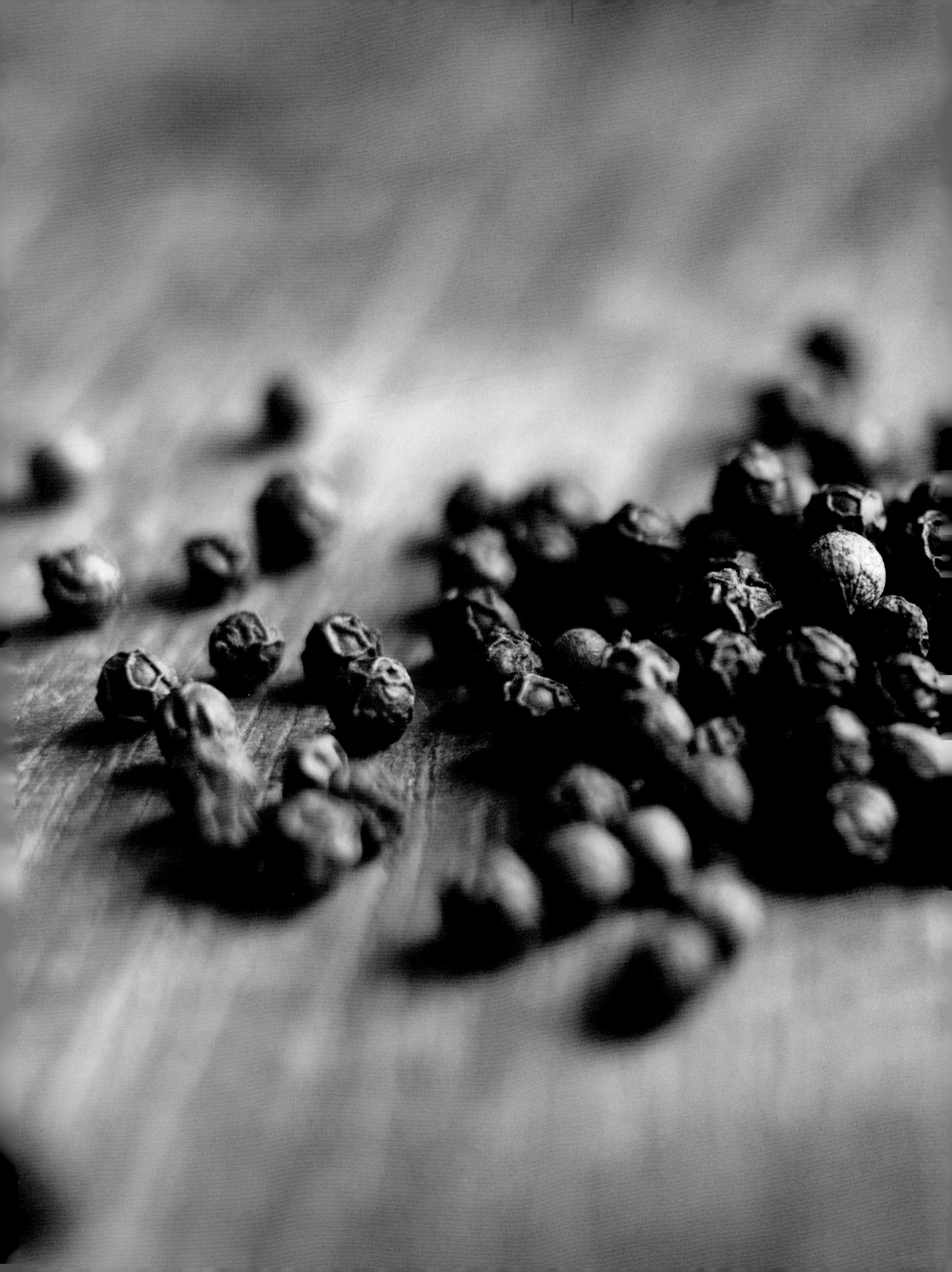

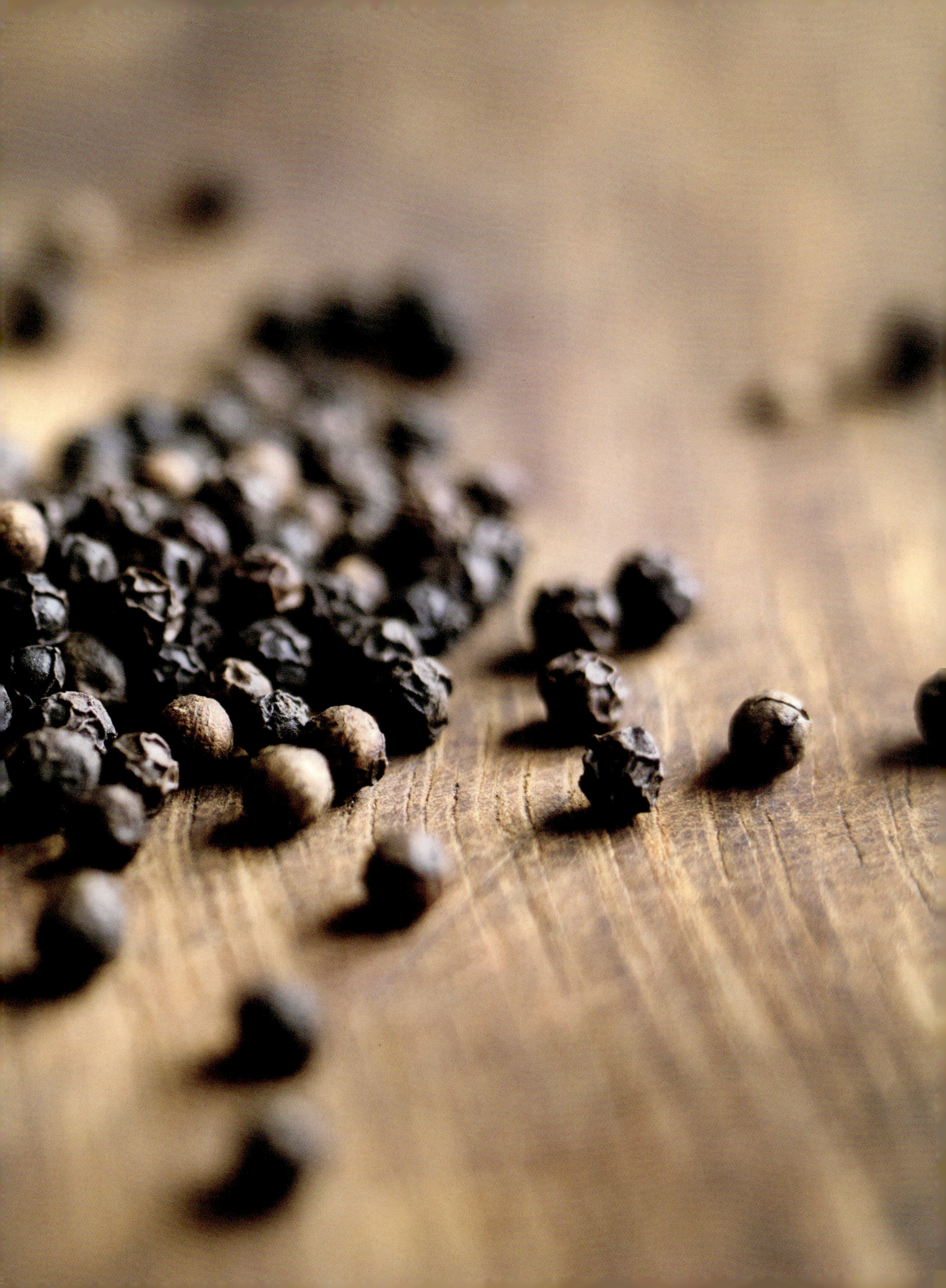

WELCHES RIND ESSEN SIE?

Allein durch Ihre Kochkunst wird das Steak nicht unbedingt gelingen – auch die Kuh, von der das Fleisch stammt, redet ein Wörtchen mit. Rindfleisch ist nicht gleich Rindfleisch – Qualität und Geschmack hängen von mehreren Faktoren ab. Dazu gehören Rasse, Alter, Ernährung, Leben und Schlachtung des Tieres und auch, wie lange das Fleisch vor der Weiterverarbeitung zum Verkauf abgehangen wurde. Am wichtigsten von allen Faktoren ist jedoch, woher das Fleisch stammt. Alle für die Fleischproduktion gezüchteten Tiere, die artgerecht gehalten wurden, sich natürlich entwickeln und wachsen konnten und ein zufriedenes und gesundes Leben hinter sich haben, werden Fleisch von besserer Textur und Geschmack abgeben als Tiere aus Massenzüchtungen. Da die Probleme der Massentierhaltung vielfach diskutiert wurden und sich die Einstellung zur Tierzucht ändert, ist es leichter geworden, Fleisch aus artgerechter Haltung zu kaufen. Selbst im Supermarkt sollte es möglich sein, aus einem breiten Angebot an Steaks zu wählen, und Ihr Metzger wird Ihnen sicherlich Fleisch anbieten können, das aus regionaler Zucht stammt. Sollten Sie im Supermarkt einkaufen (und seien wir ehrlich, die meisten von uns tun das), sind ein paar Dinge zu beachten, um eine wohlüberlegte Wahl für das Abendessen zu treffen.

"Um eine wohlüberlegte Wahl für Ihr Abendessen zu treffen, sollten Sie beim Kauf von Steaks ein paar Fakten beherzigen. Sie werden niemals ein gutes Steak auf den Tisch bringen, wenn Sie kein gutes Fleisch gekauft haben."

GLÜCKLICHE KÜHE

Biorindfleisch unterliegt verschiedenen, von diversen Organisationen vorgegebenen Vorschriften und Regeln. Es stammt aus umweltfreundlicher und artgerechter Tierhaltung, die Gesundheit und Wohlergehen der Tiere mit einbezieht. Generell stammt Biorindfleisch von Tieren, die nicht aus der Massenzucht kommen und ohne Einsatz von synthetischen Arzneimitteln (wie Antibiotika und Wachstumshormonen) gezüchtet werden. Sie grasen auf zertifizierten Biowiesen (der Einsatz von Pestiziden wird hier so weit wie möglich vermieden) und bekommen biologisches, nicht genmodifiziertes Futter. Die Tiere müssen auch für den größten Teil des Jahres unbeschränkten Auslauf ins Freie haben und, falls sie den Winter nicht im Stall verbringen, Unterstand, Futter und Wasser bekommen.

FREILANDRIND

Die Bezeichnung Freilandrind ist etwas ungenau. Sie bedeutet im Wesentlichen, dass die Tiere frei laufen und im Freien grasen durften. Es kann auch sehr hilfreich sein, die verschiedenen Rassen und Züchtunge mit ihren unterschiedlichen Geschmacksausprägungen und Qualitäten zu kennen. Fleisch vom Biorind, vom Freilandrind oder von speziellen Rinderrassen wird etwas teurer sein, doch es lohnt sich, das beste Fleisch zu kaufen, das Sie sich leisten können – es wird einfach ein besseres Essen sein.

KAUFANLEITUNG

Natürlich sollte Rindfleisch immer frisch aussehen und riechen, gut geschnitten und von überschüssigem Fett und Knochensplittern gesäubert sein. Es sollte sich fest anfühlen und feucht aussehen, aber nicht nass oder schleimig sein. Je nach Fleischtyp sollte die Farbe rosa oder rot sein – gut abgehangenes Fleisch sieht dunkler aus. Das Fett sollte blass, leicht cremig und fest sein. Scheuen Sie sich auf keinen Fall vor Steaks, die leicht mit Fett durchzogen sind, denn entgegen der allgemeinen Annahme, dass Fett schlecht sei, wird das Steak durch die Marmorierung geschmackvoller und zart. Der alte Spruch „Fett ist gleichzusetzen mit Geschmack" stimmt einfach!

Wenn Sie im Supermarkt einkaufen, wird Ihr Fleisch ein Etikett mit allen nötigen Angaben aufweisen; wenn Sie jedoch beim Metzger einkaufen, müssen Sie ihn nach der Herkunft des Fleisches und sonstigen Informationen fragen. Metzger haben meist eine größere Auswahl an Fleischschnitten vorrätig, doch in Supermärkten mit großer Fleischtheke sind oft Metzger beschäftigt, die professionelle Auskunft geben können. Sie sollten Ihnen Ratschläge für die Zubereitung und das Garen der verschiedenen Fleischschnitte geben können, wissen, von welcher Zuchtrasse das Fleisch stammt, wie lange es abgehangen wurde usw. Sie können das Fleisch auch für Sie zuschneiden. Bitten Sie ruhig darum, das Steak beschnitten oder den Braten gebunden zu bekommen. Auch auf Bauernmärkten und von Fleischversandhäusern kann man gutes Rindfleisch beziehen. Kontrollieren Sie immer das Mindesthaltbarkeitsdatum auf der Verpackung und verzehren Sie das Fleisch danach nicht mehr.

Wenn Sie Steaks kaufen, sollten Sie gut marmoriertes Rindfleisch wählen, das im Idealfall mindestens zwei Wochen am Knochen abgehangen wurde – es ist viel zarter und geschmackvoller. Vor dem Braten sollte das Steak Raumtemperatur haben (das wird etwa 30–40 Minuten dauern, wenn nicht anders im Rezept angegeben) und mit Öl und Gewürzen eingerieben werden. Vor dem Verzehr müssen Steaks erst ruhen, damit die Fasern abkühlen und sich nicht mehr zusammenziehen. So erhalten Sie ein saftiges, zartes Steak. Das gebratene Steak einfach locker mit Alufolie abdecken und warm stellen.

KÜHLSCHRANK 3–5 TAGE
GEFRIERSCHRANK 3–6 MONATE

FLEISCH AUFBEWAHREN

Rindfleisch kann in einem verschlossenen Behälter oder gut eingepackt (sodass kein Saft auf andere Lebensmittel tropft) 3–5 Tage im unteren Fach des Kühlschranks aufbewahrt werden. Das hängt natürlich davon ab, wie frisch es gekauft wurde. Kontrollieren Sie das Haltbarkeitsdatum bei verpacktem Fleisch. Gehacktes und Innereien sollten innerhalb von 1–2 Tagen verzehrt werden. Wenn Sie Fleisch in Plastikfolie gekauft haben, entfernen Sie diese, legen Sie das Fleisch in eine Schüssel und bedecken Sie es, bevor es in den Kühlschrank kommt.

Rindfleisch kann man auch am Tag des Kaufes einfrieren und 3–6 Monate im Tiefkühlfach aufbewahren. Es sollte dann in einer Schüssel (um den Saft aufzufangen) im Kühlschrank aufgetaut werden. Bereits einmal aufgetautes Rindfleisch darf nur im gegarten Zustand noch einmal eingefroren werden.

WO SITZT WAS?

Hochrippe

Wird auch Hohe Rippe genannt. Gehört zu den teuersten Rindfleischstücken. Man kann es mit Knochen oder ausgelöst kaufen. Es ist ideal zum Braten und Schmoren. Die Koteletts können im Backofen gegart, über Holzkohle gegrillt oder in der Pfanne gebraten werden. Prime-Rib-Steak wird aus dem Kern der Hochrippe geschnitten und ist einer der teuersten Schnitte. Ausgelöst und in Scheiben geschnitten wird es als Rib-Eye-Steak verkauft, das im Backofen oder über Holzkohle gegrillt oder in der Pfanne gebraten werden kann.

Schulter

Ergibt Schmorfleisch, Kurzrippensteaks oder Schultersteaks. Das Schmorfleisch wird oft schon gewürfelt oder in Streifen geschnitten angeboten. Es muss langsam und mit Flüssigkeit gegart werden und eignet sich deshalb für Ragout, Schmorgerichte und herzhaft gefüllte Kuchen. Schultersteaks können mariniert und gegrillt oder kurz gebraten werden.

Nacken

Nacken wird meist als Ragout- oder Hackfleisch verkauft und ist das preiswerteste Stück vom Rind.

Falsches Filet

Wird ohne Knochen verkauft, als Braten oder zum Schmoren im Topf geeignet.

Brustspitze

Wird mit Knochen oder ausgelöst und gerollt angeboten. Ist ein preiswertes Stück vom Rind, das sich als Pökelfleisch und Kochfleisch eignet. Bruststücke müssen langsam mit Flüssigkeit gekocht werden; sie sind ideal für Schmorgerichte, Ragouts, Suppen und Eintöpfe.

Vorderhesse

Kann mit Markknochen gekauft werden oder auch ausgelöst. Das Fleisch muss lange in Flüssigkeit garen und ergibt deshalb kräftige Suppen, Eintöpfe und Schmorgerichte; es wird auch für Sülze verwendet.

Querrippe

Das Fleisch wird ausgelöst und aufgerollt oder mit Rippenknochen verkauft und eignet sich gut für Ragouts und Schmorgerichte.

Oberschale

Sehr mageres, knochenloses Bratenstück, das man auch gepökelt oder eingelegt kochen kann. Roh kann man es auch mit Fett umwickeln und braten. Geeignet für Braten, Schmorbraten oder als Kochfleisch.

Roastbeef

Mageres und zartes Stück mit einem schmalen Fettrand. Einige geschätzte Steaks werden aus diesem Teil des Rinds geschnitten, wie z. B. Entrecôte, Rump-, T-Bone- und Porterhouse-Steaks, die gegrillt, gebraten oder kurz gebraten werden. Eignet sich aber auch für Spieße oder zum Schmoren am Stück.

Hüfte

Eignet sich zum Braten, Schmoren im Topf oder Kurzbraten; in Würfel geschnitten auch für Spieße oder herzhafte Kuchen. Hieraus werden oftmals dünne Scheiben geschnitten, die ideal für Rouladen sind.

Nuss

Wird auch Kugel genannt und als Schmorfleisch angeboten. Eignet sich zum Schmoren im Topf oder in der Pfanne, für Aufläufe und Gulasch.

Bein

Wird auch Hesse genannt. Ideal für Schmorfleisch oder Ragout, wird es oft bereits in Würfel oder Streifen geschnitten angeboten. Dieses Fleisch muss langsam und mit Flüssigkeit gegart werden und wird deshalb für Ragouts, Eintöpfe und Suppen verwendet.

Spannrippe

Dieser Fleischschnitt ist mit Fett durchsetzt und wird oft nicht am Stück verkauft, sondern zu Hackfleisch verarbeitet. Es eignet sich für Ragout und Schmorfleisch, kann aber auch in feine Streifen geschnitten, mariniert und kurz gebraten werden.

Auch der Bauchlappen ist mit Fett durchzogen und faserig, muss langsam und mit Flüssigkeit gegart werden und eignet sich für Ragout und Schmorgerichte, kann aber auch mariniert und kurz gebraten werden.

Lende

Zartes und sehr saftiges Fleisch erster Qualität, das innen unterhalb des Rückens liegt. Filetsteaks und die Filets mignons von der Spitze sind sehr mager und die zartesten Stücke vom Rind. Die Steaks können gut im Backofen, über Holzkohle oder in der Grillpfanne gebraten oder kurz gebraten werden.

Das ganze Filetstück kann auch als zarter Braten zubereitet oder, mit Teig ummantelt, im Backofen gegart werden. Auch für die hauchdünnen Scheiben des Carpaccio und das sehr fein gehackte Tatar wird Rinderfilet genommen.

Backofen Für zarte Rinderbraten wird das Fleisch am Stück gewürzt und dann in den heißen Backofen geschoben. Während des Backens sollte es immer wieder mit dem austretenden Fett bzw. Fleischsaft übergossen werden, bis es den gewünschten Gargrad erreicht hat. *Niedrigtemperatur* Die beste Art, weniger zartes Fleisch zu garen. Man geht genauso vor wie bei der Zubereitung im Backofen, aber die Backtemperatur ist niedriger und das Fleisch bekommt mehr Zeit, die Fasern aufzuspalten. *Pfanne* Zarte Fleischstücke wie Steaks werden gerne in Öl oder Butter in einer heißen Pfanne gebraten und dabei ab und zu gewendet. Kombinieren Sie ein gutes Steak mit einer klassischen Sauce, wie Sauce béarnaise (S. 54) oder Pfeffersauce (S. 58) und einer Beilage, z. B. den dreifach gegarten Pommes frites (S. 110). *Backofengrill* Der Grill sollte zunächst so heiß wie möglich werden, denn nur so kann das Steak darunter scharf gegrillt werden. Danach wird die Temperatur reduziert, bis der gewünschte Gargrad erreicht ist. Das sollte dann ein knuspriges Äußeres und ein saftiges Inneres ergeben. *Pochieren* Eine delikate Art, zarte Fleischstücke zu garen. Genau wie Fisch kann Fleisch in Brühe und Wein pochiert werden; man hebt es heraus, sobald es gar ist, und serviert es mit Saucen oder Dressings. *Schmoren* Die beste Zubereitungsart für zähere Fleischstücke des Rinds. Das Fleisch wird mit Gemüse, Gewürzen und Kräutern und entweder Brühe, Wein, Bier oder Wasser langsam gegart, bis es zart genug ist. Die Rippchen in Barbecuesauce auf S. 38 sind ein perfektes Beispiel für ein langsam geschmortes Gericht.

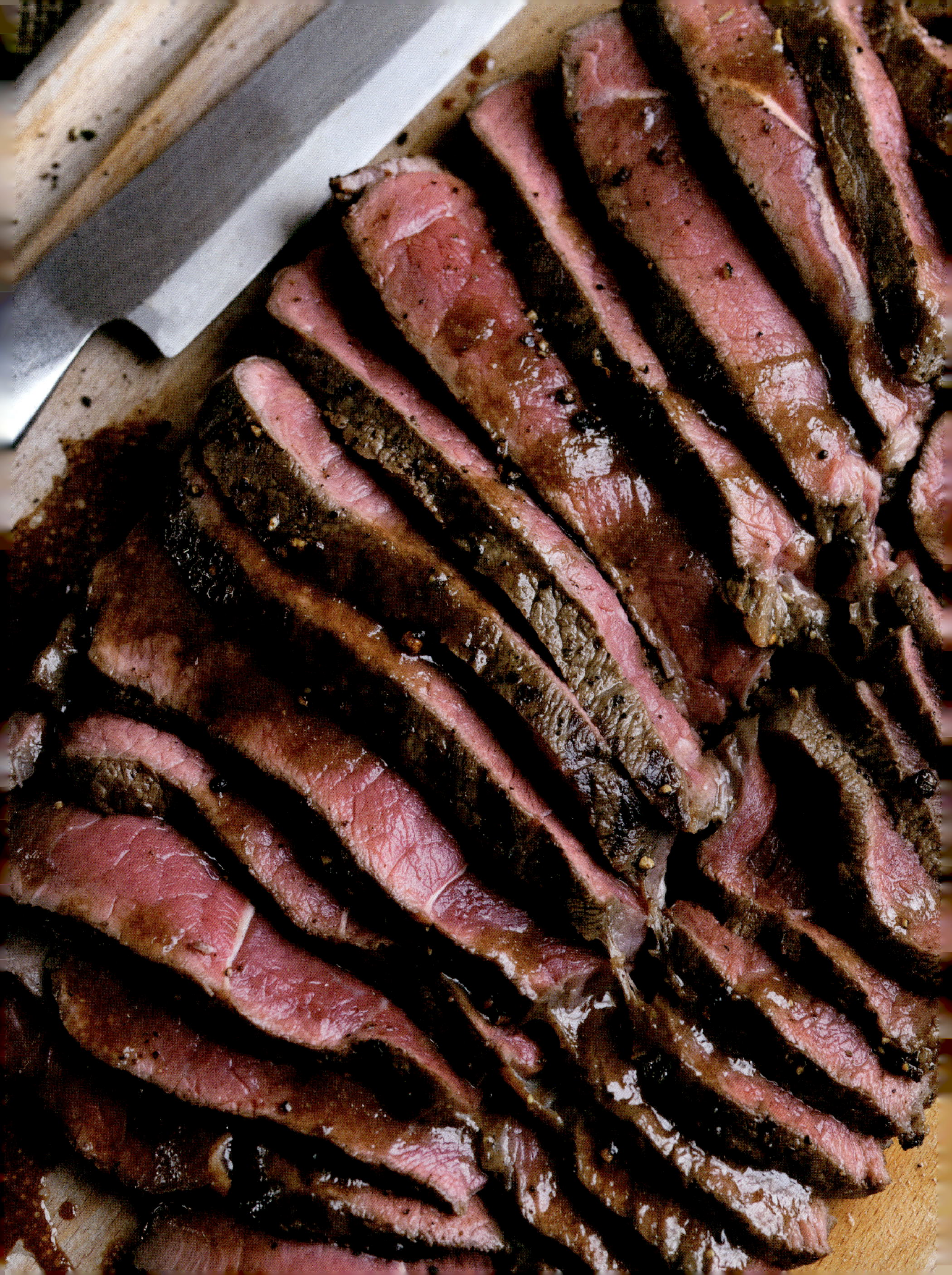

GARZEITEN

Blau Das Steak wie angegeben vorbereiten, in die vorgeheizte Pfanne legen und von beiden Seiten scharf anbraten (etwa 1 Minute von jeder Seite). Das Steak sollte außen braun sein, doch in der Mitte noch roh. Beiseitestellen und wie angegeben ruhen lassen.

Blutig Das Steak wie angegeben vorbereiten, in die vorgeheizte Pfanne legen und von beiden Seiten scharf anbraten (etwa 2 Minuten von jeder Seite). Das Steak sollte außen braun sein, durch und durch warm und in der Mitte rosa. Beiseitestellen und wie angegeben ruhen lassen.

*Die Garzeiten können leicht variieren, je nachdem wie dick das Steak und wie heiß die Pfanne ist.

Medium Das Steak wie angegeben vorbereiten, in die heiße Pfanne legen und von beiden Seiten scharf anbraten (etwa 4 Minuten von jeder Seite). Das Steak sollte braun sein und in der Mitte einen leichten rosa Kern aufweisen. Beiseitestellen und wie angegeben ruhen lassen.

Englisch Das Steak wie angegeben vorbereiten, in die heiße Pfanne legen und von beiden Seiten scharf anbraten (etwa 3 Minuten von jeder Seite). Das Steak sollte außen braun sein, doch in der Mitte noch leicht rosa. Beiseitestellen und wie angegeben ruhen lassen.

Durchgebraten Das Steak wie angpegeben vorbereiten, in die vorgeheizte Pfanne legen und von beiden Seiten scharf anbraten (etwa 5 Minuten von jeder Seite). Das Steak sollte durchgehend braun sein. Beiseitestellen und wie angegeben ruhen lassen.

RIB-EYE-STEAK IM WHISKYRAUSCH

Schultersteak in grüner Kräutermarinade

22 KURZRIPPENSTEAK IN ROTWEINMARINADE

RANCH-STEAK MIT GORGONZOLA-KRUSTE

Rinderrippchen mit Speck und Kräutersauce

28 ZARTE RINDERBRUST IN WÜRZIGER TROCKENMARINADE

RINDS-CARRÉ MIT SCHARFER MEERRETTICHKRUSTE

34 Schultersteak mit Zitronen-Basilikum-Pesto

SKIRT-STEAK MIT BLOODY-MARY-BUTTER

RIPPCHEN IN BARBECUESAUCE

VIERZIG RIB-EYE-STEAK MIT FEURIGER PAPRIKA-SALSA

PRIME RIB MIT MEERRETTICHSAUCE

KAPITEL EINS

VORDERVIERTEL

Rib-Eye-Steak
im Whiskyrausch

Für 4 | **Vorb.** 10 Min. | **Garen** 10 Min.

Zutaten

4 Rib-Eye-Steaks (à 350 g)
2 EL Olivenöl
2 EL Butter

Whiskymarinade
2 EL natives Olivenöl extra
200 ml Bourbon oder ein anderer Whisky
1 kleines Bund Thymian, Blätter abgezupft
1 TL getrockneter Oregano
2 Knoblauchzehen, zerdrückt
1 TL Salz
1 TL Pfeffer

1. Alle Zutaten für die Marinade in eine nicht metallene Schüssel geben, in der die Steaks nebeneinander Platz haben. Die Zutaten gut vermengen.

2. Die Steaks in die Marinade legen und mehrfach wenden, bis sie gut benetzt sind. Abdecken und 4–12 Stunden in den Kühlschrank stellen, wenn möglich über Nacht. Zwischendurch einmal wenden.

3. Die Steaks 1 Stunde vor dem Zubereiten aus dem Kühlschrank nehmen, damit das Fleisch Zimmertemperatur annehmen kann. Die Marinade aufbewahren.

4. Eine große Pfanne auf hoher Stufe erhitzen und Öl und Butter hineingeben. Die Steaks von jeder Seite 5 Minuten braten, wenn sie englisch gegart sein sollen. Sonst nach Wunsch garen. Falls nötig, die Steaks nacheinander braten. Beiseitestellen und vor dem Servieren 5 Minuten ruhen lassen.

5. In der Zwischenzeit die Hitze auf mittlere Stufe reduzieren, die restliche Marinade in die Pfanne gießen und flambieren. Die Sauce über die Steaks gießen und servieren.

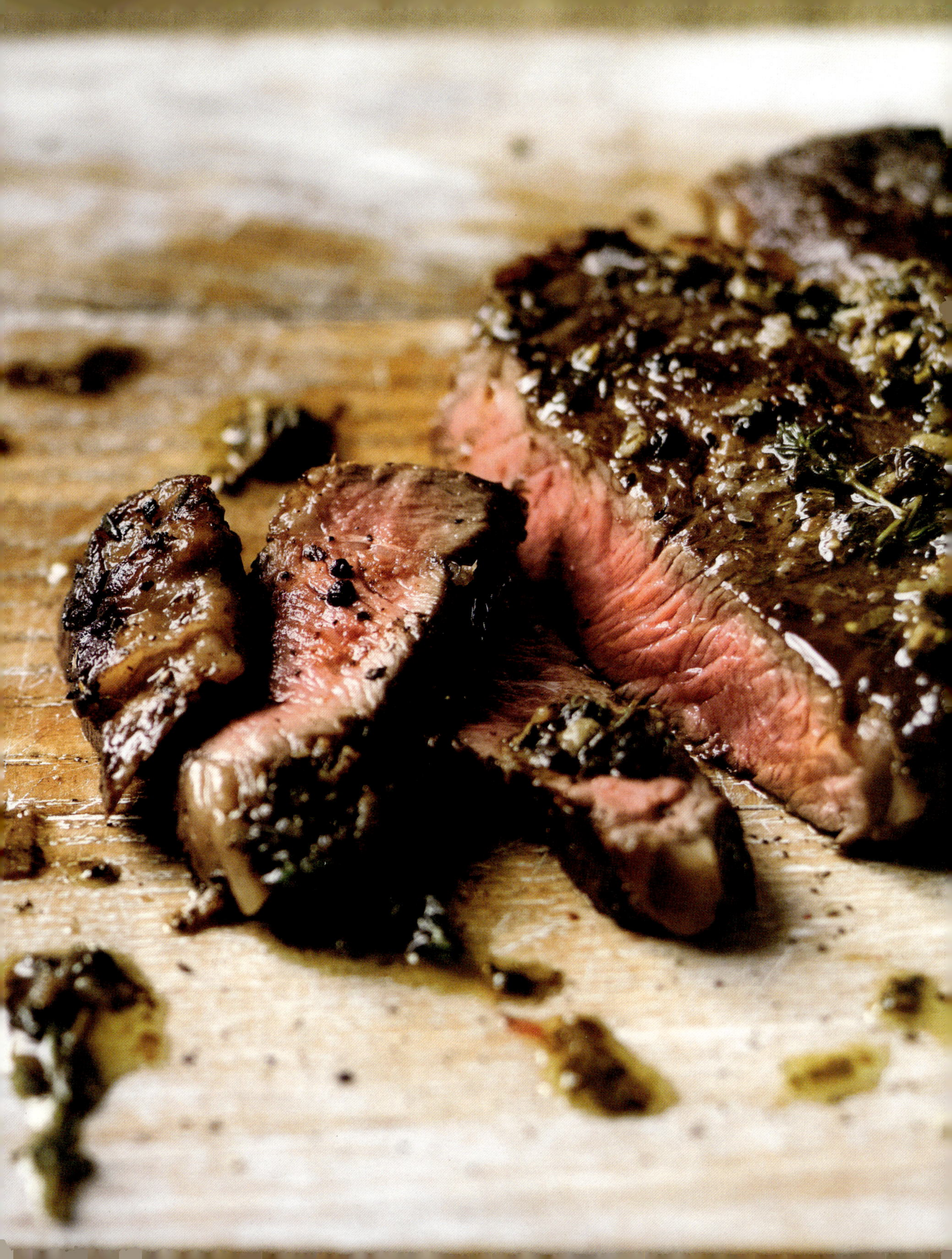

Schultersteak

in grüner Kräutermarinade

Zutaten

Für 4 | **Vorb.** 10 Min. | **Garen** 10 Min.

4 Schultersteaks (à 350 g)

Marinade
4 EL Olivenöl
1 EL Muskovado-Zucker
2 EL Rotweinessig
2 EL frisch gehackte glatte Petersilie
2 EL frisch gehacktes Basilikum
2 EL frisch gehackter Estragon
2 EL frisch gehackter Thymian
2 Knoblauchzehen, zerdrückt
1 TL Salz
1 TL Pfeffer

1. Alle Zutaten für die Marinade in eine nicht metallene Schüssel geben, in der die Steaks nebeneinander Platz haben. Die Zutaten gut vermengen.

2. Die Steaks in die Marinade legen und mehrfach wenden, bis sie gut benetzt sind. Abdecken und 4–12 Stunden in den Kühlschrank stellen, wenn möglich über Nacht. Zwischendurch einmal wenden.

3. Die Steaks 1 Stunde vor dem Braten aus dem Kühlschrank nehmen, damit das Fleisch Zimmertemperatur annehmen kann. Die Marinade wegschütten.

4. Eine Grillpfanne auf hoher Stufe erhitzen. Die Steaks von jeder Seite 5 Minuten braten, wenn sie englisch gegart sein sollen, oder nach Wunsch. Falls nötig, die Steaks nacheinander braten. Vom Herd nehmen und vor dem Servieren 5 Minuten zum Ruhen beiseitestellen.

Die Essigsäure in der Marinade macht die Steaks zart, die Kräuter verleihen einen frischen und leichten Geschmack.

Kurzrippensteak

in Rotweinmarinade

Zutaten

Für 4 | **Vorb.** 10 Min. | **Garen** 10 Min.

4 Kurzrippensteaks
(à 350 g)

Marinade
4 EL Olivenöl
100 ml guter Rotwein
1 kleines Bund Thymian,
Blätter abgezupft
1 kleines Bund Rosmarin,
Blätter abgezupft
2 Knoblauchzehen,
zerdrückt
1 EL Dijon-Senf
1 TL Salz
1 TL Pfeffer

1. Alle Zutaten für die Marinade in eine nicht metallene Schüssel geben, in der die Steaks nebeneinander Platz haben. Die Zutaten gut vermengen.

2. Die Steaks in die Marinade legen und mehrfach darin wenden, bis sie gut benetzt sind. Abdecken und 4–12 Stunden in den Kühlschrank stellen, wenn möglich über Nacht. Zwischendurch einmal wenden.

3. Die Steaks 1 Stunde vor dem Braten aus dem Kühlschrank nehmen, damit das Fleisch Zimmertemperatur annehmen kann. Die Marinade wegschütten.

4. Eine Grillpfanne auf hoher Stufe erhitzen. Die Steaks von jeder Seite 5 Minuten braten, wenn sie englisch gegart sein sollen. Sonst nach Wunsch garen. Falls nötig, die Steaks nacheinander braten. Vor dem Servieren 5 Minuten zum Ruhen beiseitestellen.

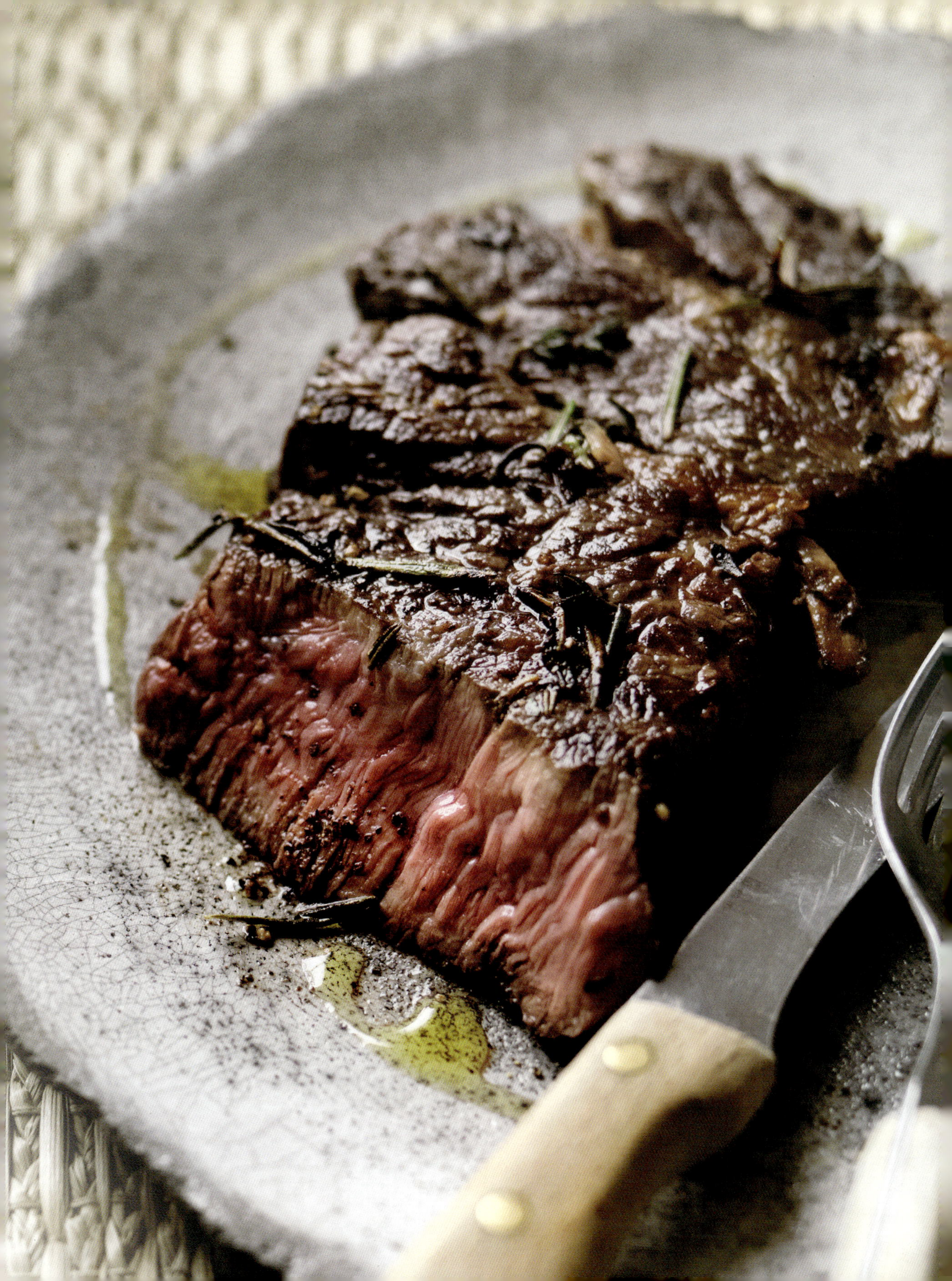

Ranch-Steak
mit Gorgonzola-Kruste

Für 4 | **Vorh. 10 Min.** | **Garen 15 Min.**

Zutaten

4 Rindersteaks aus der Schulter (à 350 g)
4 EL Olivenöl
1 TL Salz
1 TL Pfeffer

Gorgonzola-Kruste
2 EL Olivenöl
150 g frische Semmelbrösel
2 EL frisch gehackte glatte Petersilie
2 Knoblauchzehen, zerdrückt
250 g Gorgonzola-Käse, zerbröselt

1. Den Backofen auf 200 °C vorheizen. Die Steaks mit Olivenöl einreiben und mit Salz und Pfeffer würzen.

2. Eine große Pfanne auf hoher Stufe erhitzen und die Steaks von beiden Seiten scharf darin anbraten, dann in eine große, flache Bratform legen.

3. Für die Gorgonzola-Kruste Olivenöl, Semmelbrösel, Petersilie und Knoblauch vermengen. Den Gorgonzola über die Steaks krümeln und anschließend die Semmelbröselmischung darübergeben.

4. Die Steaks in den Ofen schieben und 10–12 Minuten garen, bis der Käse geschmolzen ist und die Semmelbrösel goldbraun sind. Die Steaks sollten dann englisch gegart sein, sie können auch mit Folie bedeckt und weiter im Ofen nach Wunsch gegart werden. Aus dem Ofen nehmen und bis zum Verzehr 5 Minuten zum Ruhen beiseitestellen.

1

2

3

Rinderrippchen

mit Speck und Kräutersauce

Zutaten

Für 4 | Vorh. 10 Min. | Garen 2½ Std.

- 4 Speckscheiben, in 1 cm große Stücke geschnitten
- 1,6 kg Rinderrippchen
- 1 große Zwiebel, gehackt
- 1 Selleriestange, gehackt
- 4 Knoblauchzehen, fein gehackt
- 2 EL Mehl
- 225 ml trockener Sherry
- 750 ml Rinderbrühe
- 2 TL Tomatenmark
- 6 frische Zweige Thymian
- 1 Lorbeerblatt
- Salz und Pfeffer

1. Den Backofen auf 180 °C vorheizen.

2. Den Speck in einem großen Topf auf mittlerer Stufe anbraten, bis das Fett geschmolzen ist. Den Speck mit einem Schaumlöffel herausheben und beiseitestellen, das Fett im Topf belassen.

3. Die Hitzezufuhr auf mittlere bis hohe Stufe erhöhen, die Rippchen in den Topf legen und von allen Seiten scharf anbraten. Dann aus dem Topf nehmen und beiseitestellen. Zwiebel und Sellerie in den Topf geben, auf kleine bis mittlere Stufe reduzieren. 5 Minuten dünsten, bis die Zwiebel weich ist.

4. Knoblauch und Mehl zufügen. Unter Rühren 2 Minuten dünsten. Den Sherry einrühren und bei starker Hitze aufkochen. Mit einem Holzkochlöffel den Bratensatz vom Topfboden lösen und verrühren. Brühe, Tomatenmark, Thymian und Lorbeerblatt zufügen und mit Salz und Pfeffer würzen.

5. Rippchen und Speck hinzufügen und bis kurz vor den Siedepunkt erhitzen, dann den Topf fest mit dem Deckel verschließen und in den vorgeheizten Ofen schieben. 2 Stunden kochen, bis das Fleisch zart ist. Überschüssiges Fett von der Oberfläche des Kochsuds abschöpfen und, falls nötig, nachwürzen. Die Rippchen mit der Sauce begießen und sofort servieren.

Fragen Sie Ihren Metzger nach dem Schnitt der Rippchen. Die hier abgebildeten sind parallel zum Knochen geschnitten. Querschnitte haben mehr Fleisch.

Zarte Rinderbrust
in würziger Trockenmarinade

Für 4–6 **Vorh.** 10 Min. **Garen** 3–4 Std.

Zutaten

2 kg Rinderbrust ohne Knochen
450 ml Wasser

Würzige Trockenmarinade
1 EL getrockneter Oregano
1 EL scharfes geräuchertes Paprikapulver (Pimentón)
1 EL Kreuzkümmelsamen
1 TL Knoblauchsalz
1 TL Zimt
2 EL Muskovado-Zucker
1 TL Salz
1 TL Pfeffer

1. Den Backofen auf 160 °C vorheizen.

2. Alle Zutaten für die Trockenmarinade in einen Mörser geben und zu einem groben Pulver zerstoßen. Alternativ kann die gewünschte Konsistenz in der Küchenmaschine oder mit dem Stabmixer erreicht werden.

3. Die Rinderbrust auf ein großes Schneidbrett legen und von allen Seiten mit der Trockenmarinade einreiben. Anschließend das Fleisch auf den Grillrost einer Bratform legen und im vorgeheizten Ofen 1 Stunde garen.

4. Dann aus dem Ofen nehmen und das Wasser in die Bratform gießen, die Form mit Alufolie bedecken und für weitere 2½ Stunden in den Ofen schieben.

5. Nach Ablauf dieser Zeit das Fleisch aus dem Ofen nehmen und probieren; es sollte zart und durchgegart sein. Falls nötig, die Bratform weitere 30 Minuten in den Ofen stellen. Vor dem Servieren 10 Minuten ruhen lassen.

Legen Sie das Bruststück mit der Fettschicht nach oben auf den Rost. So läuft das Fett am Fleisch runter, wenn es schmilzt.

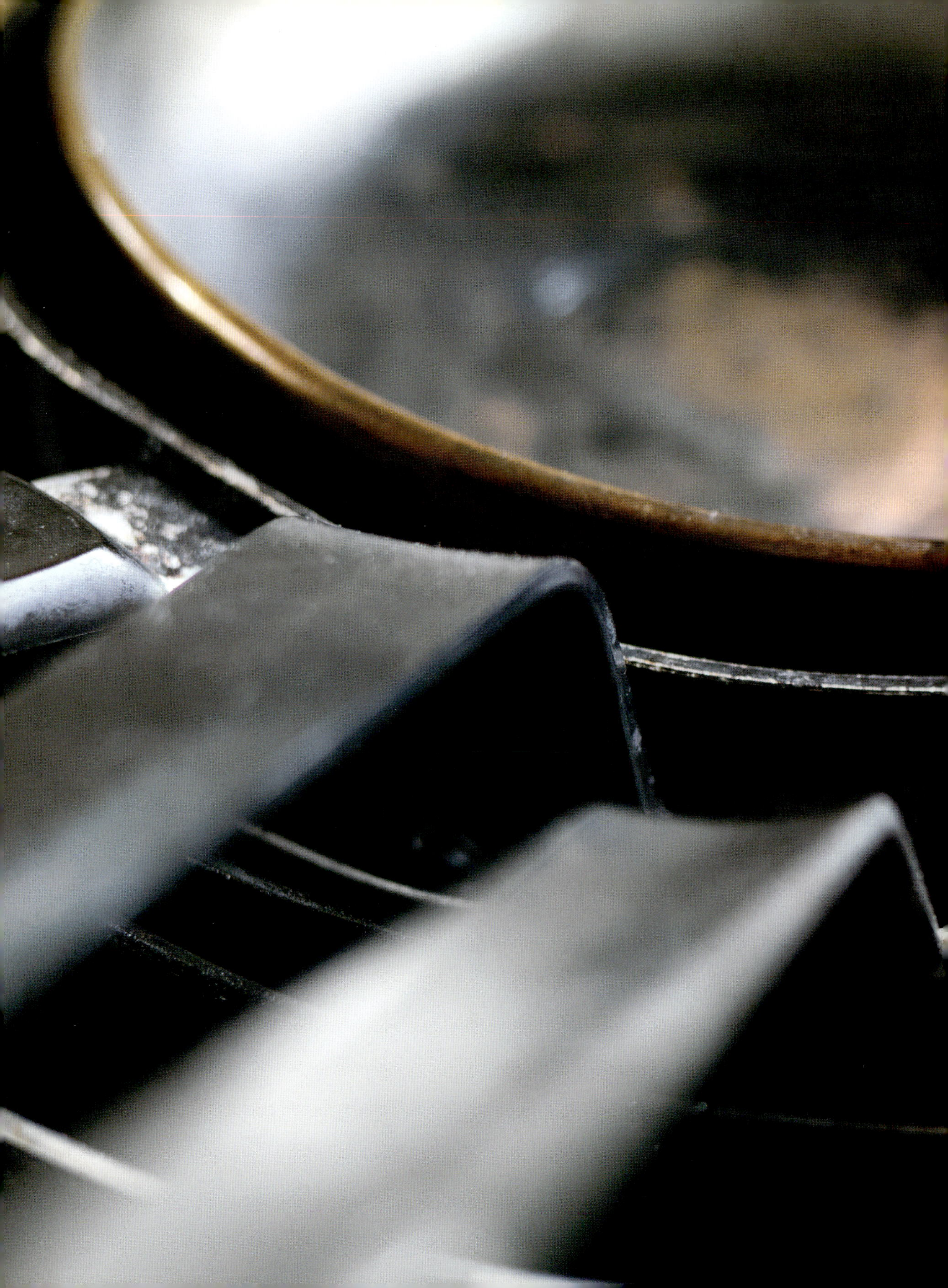

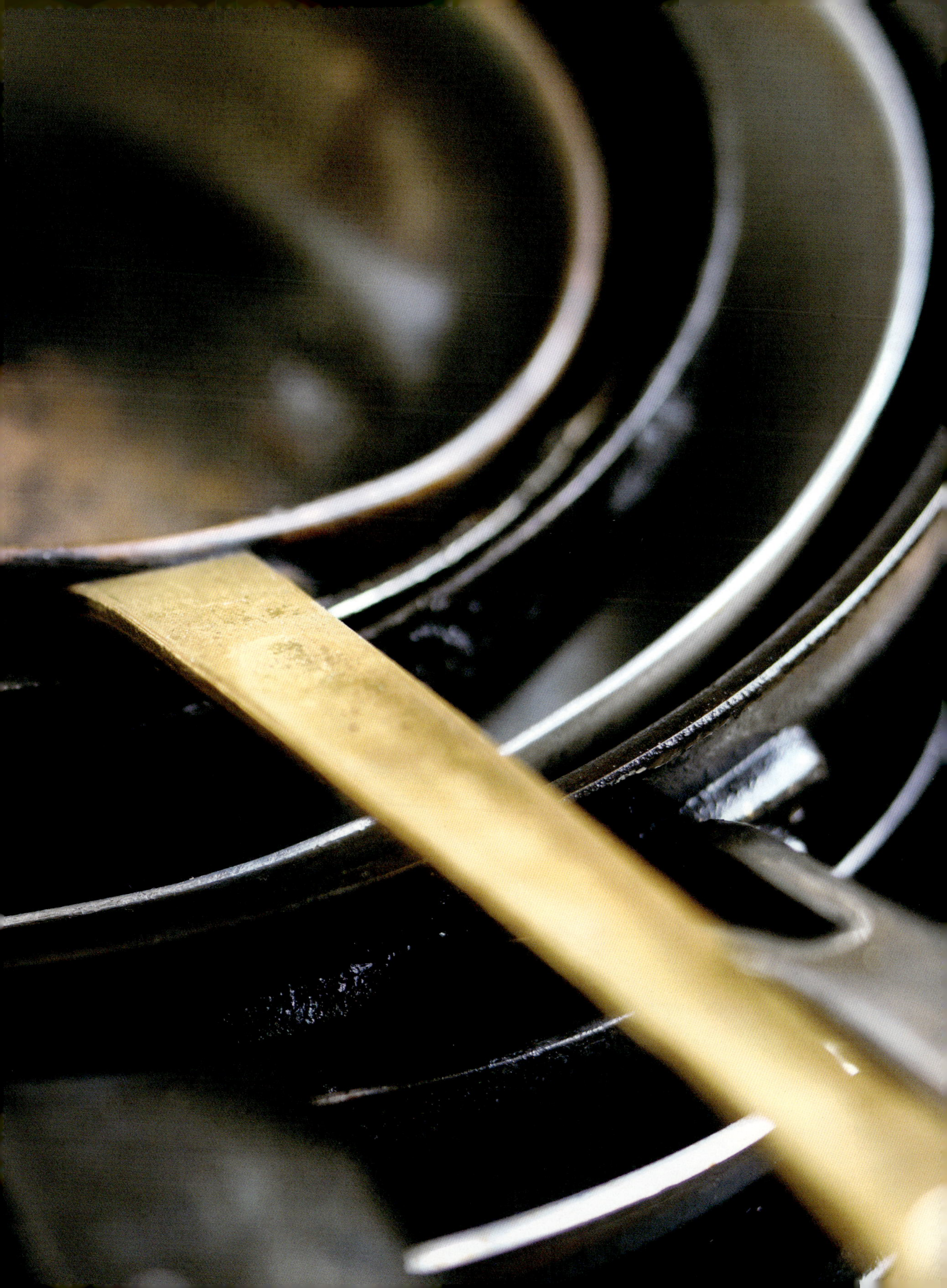

Rinds-Carré

mit scharfer Meerrettichkruste

Zutaten

Für 4–6 · Vorh. 10 Min. · Garen 50 Min.

2 kg Rinds-Carré mit Knochen
1 TL Salz
1 TL Pfeffer
4 EL Olivenöl

Meerrettichkruste
2 EL natives Olivenöl extra
4 EL Sahnemeerrettich
2 EL englischer Senf
Saft und Zesten von 1 Zitrone
½ TL Salz
½ TL Pfeffer

1. Den Backofen auf 180 °C vorheizen.

2. Das Carré auf ein großes Schneidbrett legen und mit Salz und Pfeffer würzen.

3. Alle Zutaten für die Meerrettichkruste in eine kleine Schüssel geben und vermengen, bis sich eine grobe Paste ergibt.

4. Das Olivenöl in einer großen Pfanne auf mittlerer Stufe erhitzen und das Fleisch von allen Seiten scharf anbraten. Dann auf den Grillrost einer Bratform legen und von allen Seiten mit der Meerrettichpaste bestreichen. Die Bratform in den vorgeheizten Ofen schieben und das Fleisch 50 Minuten garen.

5. Das Carré aus dem Ofen nehmen, beiseitestellen und 30 Minuten mit Alufolie abgedeckt ruhen lassen; anschließend mit dem Saft aus der Bratform übergießen und servieren.

2

3

4

Schultersteak

mit Zitronen-Basilikum-Pesto

Für 4 | **Vorh.** 10 Min. | **Garen** 10 Min.

Zutaten

4 Schultersteaks (à 350 g)
2 EL Olivenöl
1 TL Salz
1 TL Pfeffer

Zitronen-Basilikum-Pesto
2 Knoblauchzehen, zerdrückt
Zesten von 2 Zitronen
100 g Pinienkerne
100 g frisch geriebener Parmesan
4 EL natives Olivenöl extra
1 großes Bund Basilikum
½ TL Salz
1 TL Pfeffer

1. Die Steaks auf ein großes Schneidbrett legen, mit Olivenöl einreiben und mit Salz und Pfeffer würzen.

2. Eine Grillpfanne auf hoher Stufe erhitzen und die Steaks 5 Minuten von jeder Seite darin englisch braten oder wie gewünscht garen. Falls nötig, die Steaks nacheinander braten. Vor dem Servieren 5 Minuten zum Ruhen beiseitestellen.

3. In der Zwischenzeit alle Zutaten für den Pesto in einen Mörser geben und zu einer groben Paste zerdrücken. Alternativ kann die gewünschte Konsistenz in einer Küchenmaschine oder mit dem Stabmixer erreicht werden. Die Steaks mit dem Zitronen-Basilikum-Pesto servieren.

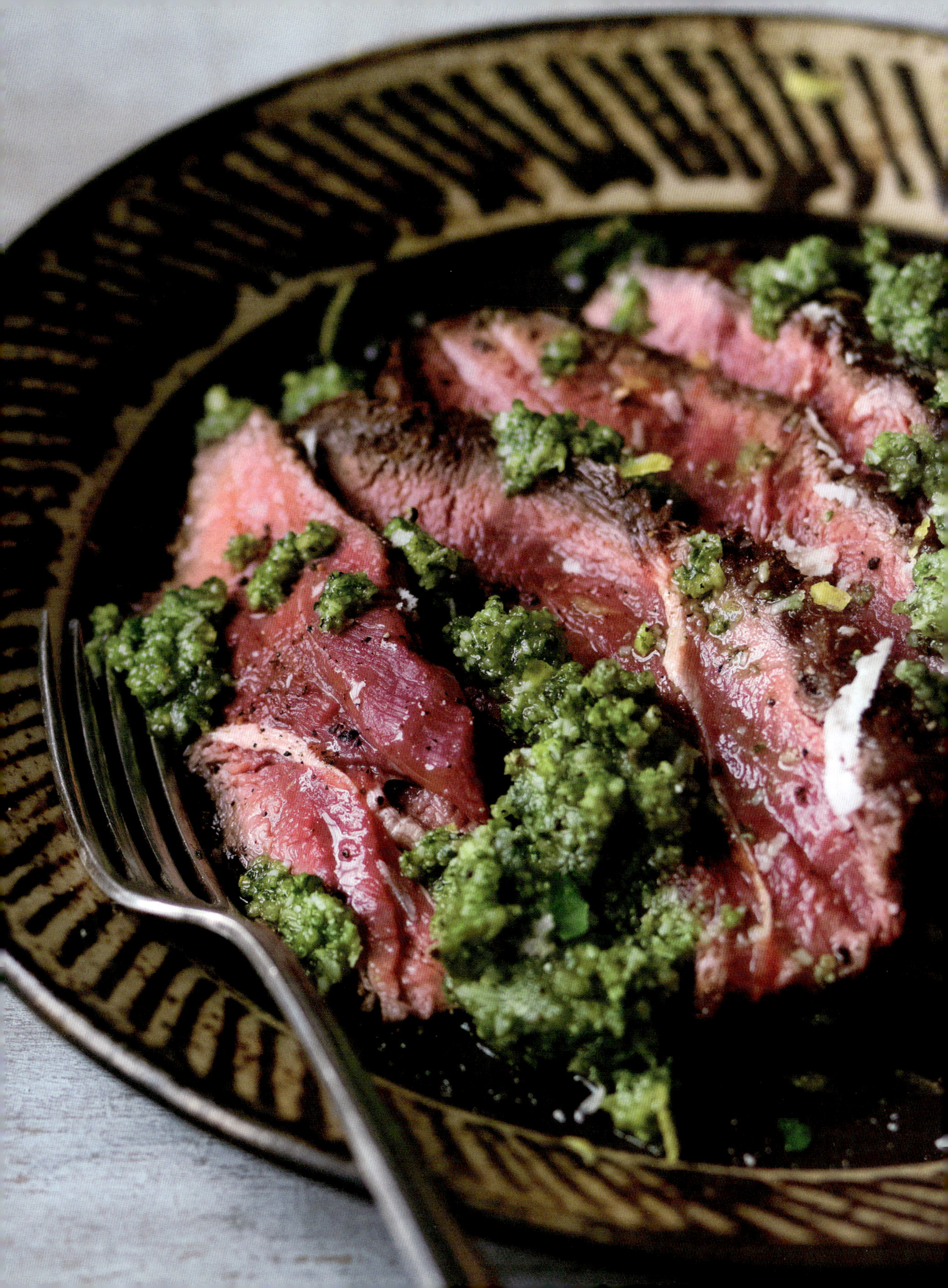

Skirt-Steak

mit Bloody-Mary-Butter

Für 4 | **Vorh.** 10 Min. | **Garen** 10 Min.

Zutaten

4 Skirt-Steaks (aus dem Saumfleisch vom dünneren Teil des Zwerchfells) (à 350 g)
2 EL Olivenöl
1 TL Salz
1 TL Pfeffer

Bloody-Mary-Butter
150 g Butter
1 TL Tabasco
1 EL Worcestersauce
1 EL Meerrettichsauce
1 große Tomate, gehäutet, entkernt und gehackt
1 TL Selleriesalz
TL Pfeffer

1. Die Steaks auf ein großes Schneidbrett legen, mit Olivenöl einreiben und mit Salz und Pfeffer würzen.

2. Eine Grillpfanne auf hoher Stufe erhitzen und die Steaks 5 Minuten von jeder Seite englisch braten oder wie gewünscht garen. Falls nötig, die Steaks nacheinander braten. Vor dem Servieren 5 Minuten zum Ruhen beiseitestellen.

3. In der Zwischenzeit alle Zutaten für die Bloody-Mary-Butter gut vermengen und die Butter auf den warmen Steaks verteilen, dann servieren.

1

2

3

Rippchen
in Barbecuesauce

Zutaten

Für 4 | Vorb. 10 Min. | Garen 3 Std.

2 kg Rinder-Rippchen

Barbecue-Marinade
1 Zwiebel, fein gehackt
2 Knoblauchzehen, zerdrückt
2 EL englischer Senf
1 EL geräuchertes Paprikapulver (Pimentón)
1 EL getrockneter Oregano
1 EL geräucherte Chipotle-Chili-Sauce
1 TL Fenchelsamen
100 ml Sojasauce
100 g Muskovado-Zucker
100 ml Tomatenketchup
100 ml Apfelessig
200 ml Wasser
1 TL Selleriesalz
1 TL Pfeffer

1. Alle Zutaten für die Marinade in eine große, nicht metallene Schüssel geben und gut vermengen.

2. Die Rippchen in die Marinade legen, abdecken und mindestens 4 Stunden in den Kühlschrank stellen, wenn möglich sogar bis zu 12 Stunden. Alle 2 Stunden wenden.

3. Den Ofen auf 180 °C vorheizen. Die Rippchen mit der Marinade in eine ofenfeste Kasserolle mit fest schließendem Deckel geben. Den Deckel auflegen und 3 Stunden im vorgeheizten Ofen garen.

4. Die Rippchen aus dem Ofen nehmen und leicht abkühlen lassen, dann aus der Sauce heben und warm stellen. Überschüssiges Fett von der Oberfläche der restlichen Marinade abschöpfen. Den Topf auf eine Herdplatte stellen und die Marinade auf mittlerer Stufe einkochen bis eine dickflüssige Sauce entsteht. Die Sauce über die Rippchen löffeln und servieren.

1

2

3

Rib-Eye-Steak

mit feuriger Paprika-Salsa

Für 4 | **Vorh.** 10 Min. | **Garen** 40 Min.

Zutaten

4 Rib-Eye-Steaks (à 350 g)
2 EL Olivenöl
1 TL Salz
1 TL Pfeffer

Paprika-Salsa
1 große rote Zwiebel, geviertelt
4 Knoblauchzehen
2 rote Paprika, halbiert
2 gelbe Paprika, halbiert
2 Tomaten, halbiert
2 mittelscharfe, große rote Chilis
1 EL mildes geräucherters Paprikapulver (Pimentón)
4 EL Olivenöl
1 EL getrockneter Oregano
2 EL Sherry-Essig
1 TL Salz
1 TL Pfeffer
2 EL frisch gehackte glatte Petersilie

1. Den Backofen auf 200 °C vorheizen.

2. Mit Ausnahme der Petersilie alle Zutaten für die Paprika-Salsa in eine große, nicht metallene Schüssel geben. Die Zutaten vermengen und dann in eine flache Bratform geben. Die Form in den Ofen schieben und alles 30 Minuten garen, bis die Zutaten weich sind und die Ränder des Gemüses leicht schwarz werden. Dann die Bratform aus dem Ofen nehmen und abkühlen lassen.

3. In der Zwischenzeit die Steaks auf ein großes Schneidbrett legen, mit Olivenöl einreiben und mit Salz und Pfeffer würzen.

4. Eine Grillpfanne auf hoher Stufe erhitzen und die Steaks von beiden Seiten 5 Minuten braten, wenn sie englisch sein sollen. Sonst nach Wunsch länger garen. Falls nötig, die Steaks nacheinander braten. Vor dem Servieren 5 Minuten ruhen lassen.

5. Alle gegarten Zutaten für die Paprika-Salsa auf einem Schneidbrett mit der Petersilie grob hacken. Die Salsa zu den Steaks servieren.

Wenn Sie eine etwas süßlichere Salsa erhalten möchten, tauschen Sie die gelbe Paprika gegen zwei Handvoll reifer Cocktailtomaten aus.

Prime Rib

mit Meerrettichsauce

Für 2 pro Rippe
Vorh. 5 Min.
Garen 2½ Std.

Zutaten

4 kg Rinderbraten von der Hohen Rippe mit Knochen, sauber beschnitten und zusammengebunden
2½ EL weiche Butter (oder ½ EL pro Rippe)
Salz und Pfeffer

Meerrettichsauce
6 EL Sahnemeerrettich
6 EL saure Sahne

1. Für die Sauce den Meerrettich und die saure Sahne in einer kleinen Schüssel verrühren. Mit Frischhaltefolie abdecken und in den Kühlschrank stellen.

2. Das Rindfleisch in eine große Bratform legen. Das Fleisch von allen Seiten mit Butter einreiben und großzügig mit Salz und Pfeffer bestreuen. 2 Stunden bei Zimmertemperatur ruhen lassen.

3. In der Zwischenzeit den Backofen auf 230 °C vorheizen. Das Fleisch in den Ofen schieben und 20 Minuten braten, um die Oberfläche des Bratens zu bräunen. Die Ofentemperatur auf 160 °C senken und 2 Stunden garen. Mit einem Fleischthermometer die Fleischtemperatur testen, sie sollte 43–46 °C betragen, damit das Fleisch englisch gebraten ist, sonst nach Wunsch länger garen.

4. Vor dem Servieren 30 Minuten mit Alufolie abgedeckt beiseitestellen und ruhen lassen. Das Fleisch wird in dieser Ruhephase noch weitergaren – die letztendliche Innentemperatur für englisch gebratenes Fleisch wird bei etwa 54–57 °C liegen. In Scheiben schneiden und mit der Meerrettichsauce servieren.

1

2

3

Top-Round-Steak mit würziger Bratensauce

NEW YORK STRIP-STEAK MIT ESTRAGONPILZEN

FÜNFZIG SIRLOIN-STEAK MIT BRUNNENKRESSEBUTTER

RUMPSTEAK-SANDWICH MIT SENF-DRESSING

Strip-Steak mit Sauce béarnaise

PORTERHOUSE-STEAK MIT CHILI UND KNOBLAUCH

58 T-BONE-STEAK MIT PFEFFERSAUCE

STEAKHOUSE-BURGER MIT HERZHAFTEM GRUYÈRE

FLANK-STEAK IN DER BESTEN BARBECUEMARINADE

66 Rinderfilet-Medaillons mit Biersauce

BEEF WELLINGTON

70 RUMPSTEAK MIT SCHARFER CHILIKRUSTE

KAPITEL ZWEI
HÜFTE & HINTERVIERTEL

Top-Round-Steak
mit würziger Bratensauce

Für 4–6 | **Vorh.** 10 Min. | **Garen** 45–50 Min.

Zutaten

900 g Steak aus der runden Oberschale, 5 cm dick
2 EL Pflanzenöl
Salz und Pfeffer

Marinade
4 EL Balsamico
2 EL Olivenöl
4 Knoblauchzehen, zerdrückt
½ TL getrockneter Rosmarin

Bratensauce
120 g Butter
½ Zwiebel, gehackt
70 g Mehl
1 Knoblauchzehe, fein gehackt
1,2 l Rinderbrühe
2 TL Tomatenmark
1 TL Dijon-Senf
1 TL Worcestersauce

1. Alle Zutaten für die Marinade in eine nicht metallene Schüssel geben und verrühren. Das Steak auf einen Teller legen und mehrfach beidseitig mit einer Gabel hineinstechen. In einen Plastikbeutel legen und die Marinade hineingießen. Die Luft aus dem Beutel drücken, verschließen und 12 Stunden in den Kühlschrank legen.

2. Für die Bratensauce die Butter in einem Topf bei mittlerer Hitze zerlassen. Die Zwiebel zufügen und dünsten, bis sie weich ist. Das Mehl zufügen. Unter ständigem Rühren etwa 5 Minuten anschwitzen, bis die Mischung goldbraun ist. Den Knoblauch hineingeben und weitere 30 Sekunden dünsten. Langsam die Brühe zugießen und die restlichen Zutaten unterrühren; mit Salz und Pfeffer würzen. Bis zum Siedepunkt erhitzen, auf niedrige Stufe stellen und 25 Minuten köcheln, dabei gelegentlich umrühren. In eine Sauciere seihen und bis zum Servieren warm stellen.

3. Den Backofengrill auf hoher Stufe vorheizen. Das Steak auf einen Teller legen und trocken tupfen. Von allen Seiten mit Öl einreiben und mit Salz und Pfeffer würzen. Die Marinade wegschütten.

4. Nun das Steak in eine flache Bratform legen und unter den vorgeheizten Grill schieben. Von jeder Seite etwa 7–8 Minuten grillen, falls es englisch gewünscht ist. Sonst nach Wunsch länger garen.

5. Anschließend 10 Minuten zum Ruhen beiseitestellen. Vor dem Servieren gegen die Faser in dünne Scheiben schneiden und mit der Bratensauce servieren.

> Für eine besonders geschmackvolle Bratensauce geben Sie ein Glas Madeira zur Rinderbrühe.

New York Strip-Steak

mit Estragonpilzen

Für 4 | **Vorh. 10 Min.** | **Garen 30–35 Min.**

Zutaten

4 Rinderhüftsteaks (à 280 g)
1 TL Salz
1 TL Pfeffer
1 EL Pflanzenöl
4 EL Hühnerbrühe
1 EL kalte Butter

Estragonpilze
4 EL Olivenöl
2 EL Butter
900 g große Champignons, in dicke Scheiben geschnitten
2 Knoblauchzehen, fein gehackt
3 EL Sherry-Essig
1 EL frisch gehackter Estragon
Salz und Pfeffer

1. Für die Estragonpilze Öl und Butter in eine Pfanne geben und auf mittlerer Stufe erhitzen. Die Champignons hineingeben und unter gelegentlichem Rühren 10–15 Minuten dünsten, bis sie anbräunen. Den Knoblauch hinzufügen und weitere 2 Minuten dünsten.

2. Den Essig in die Pfanne gießen. Sobald er anfängt zu kochen, die Pfanne vom Herd nehmen. Die Pilze in eine Schüssel füllen, Estragon zufügen und mit Salz und Pfeffer würzen. Beiseitestellen und abkühlen lassen. Wenn die Pilze kalt sind, mit Frischhaltefolie bedecken und beiseitestellen.

3. Die Steaks von beiden Seiten mit Salz und Pfeffer würzen. Das Öl in einer großen Pfanne auf hoher Stufe erhitzen. Die Steaks hineinlegen und von jeder Seite 5–6 Minuten englisch, oder nach Wunsch garen. Falls nötig, die Steaks nacheinander braten. Vor dem Servieren 5 Minuten ruhen lassen.

4. Die Hühnerbrühe in die heiße Pfanne gießen und mit einem Holzlöffel umrühren, um den Bratensatz vom Pfannenboden zu lösen. Anschließend die Butter zufügen und unter Rühren zerlassen. Die Champignons zufügen und rühren, bis sie heiß sind. Abschmecken und nachwürzen, falls nötig. Die Steaks mit den Pilzen servieren.

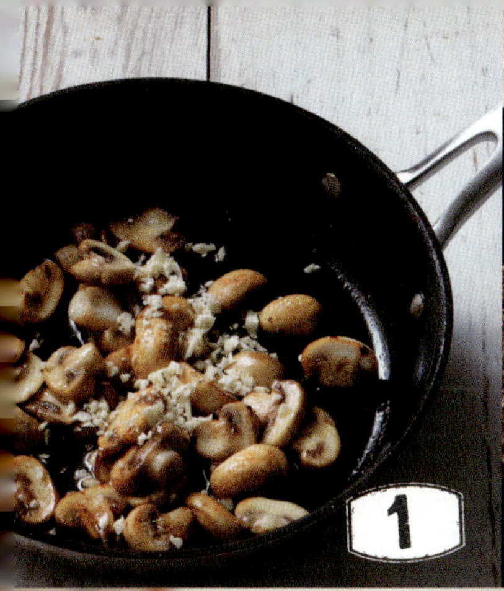
1

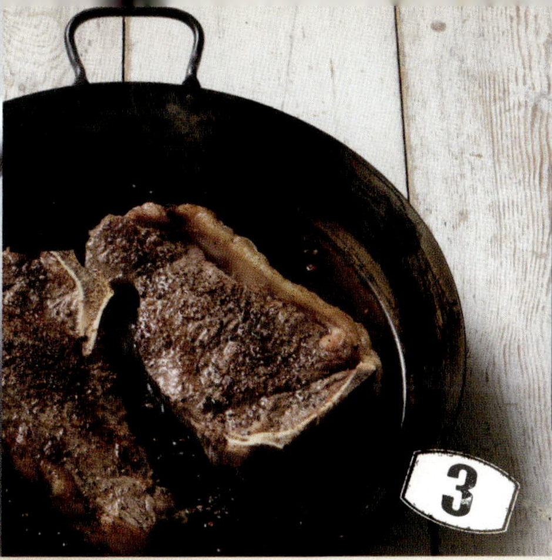
3

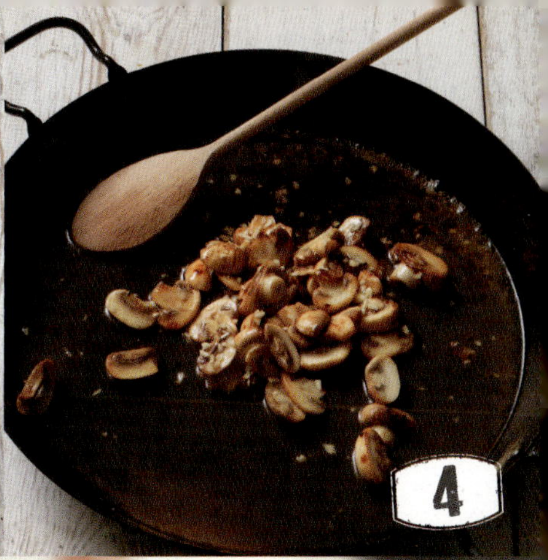
4

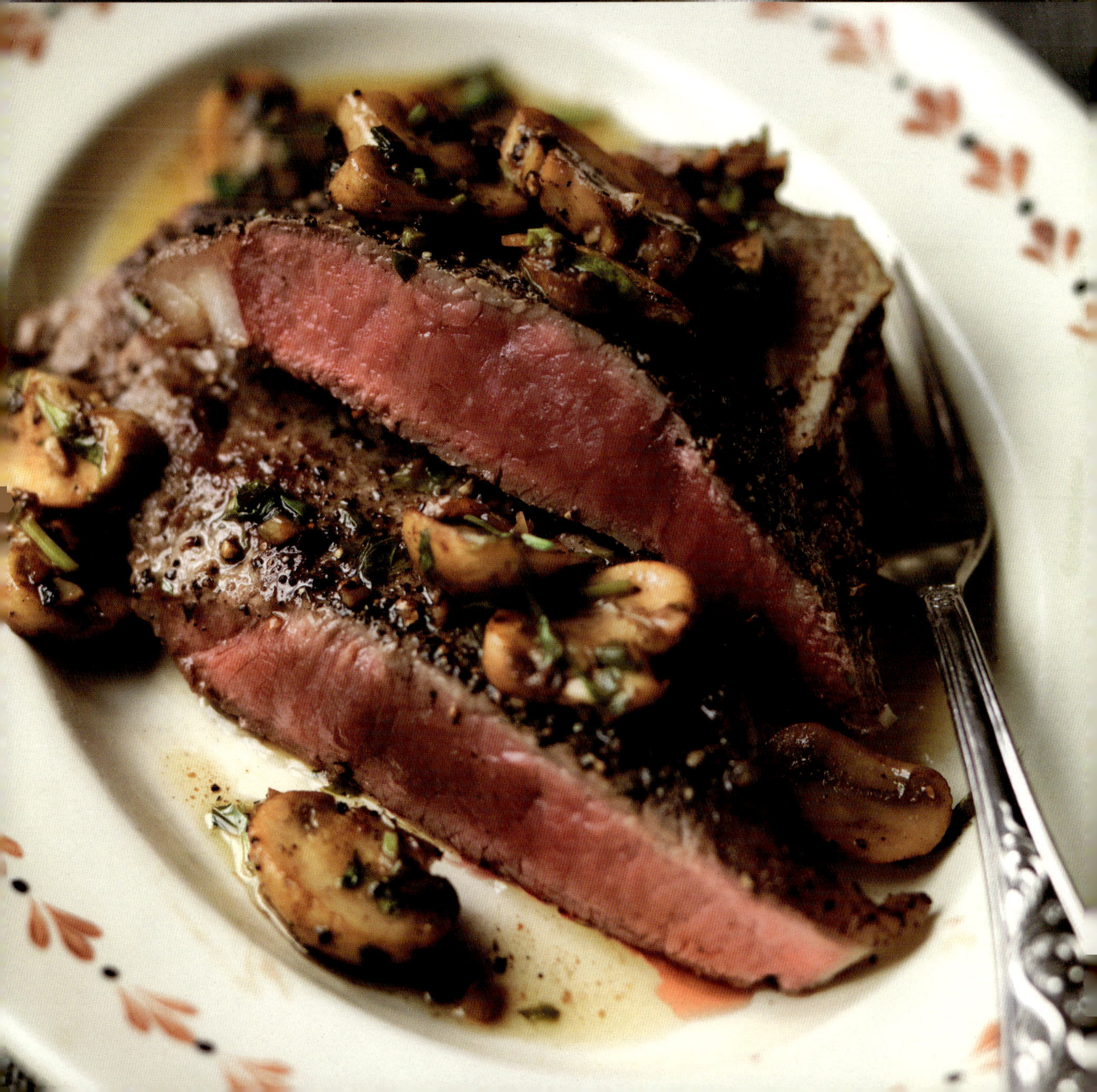

Sirloin-Steak

mit Brunnenkressebutter

Zutaten

Für 4–6   **Vorh.** 5 Min.   **Garen** 10 Min.

4 Sirloin-Steaks
(à 225 g)
4 TL Tabasco
Salz und Pfeffer

Brunnenkressebutter
80 g weiche Butter
4 EL gehackte
Brunnenkresse

1. Die Butter in eine kleine Schüssel geben und mit einer Gabel die Brunnenkresse sorgfältig untermengen. Mit Frischhaltefolie bedecken und mindestens 1 Stunde oder bis zur Verwendung in den Kühlschrank stellen.

2. Jedes Steak mit 1 Teelöffel Tabasco beträufeln und großzügig mit Salz und Pfeffer würzen.

3. Eine Grillpfanne auf hoher Stufe erhitzen. Die Steaks 4 Minuten von jeder Seite braten, wenn sie englisch gegart sein sollen. Sonst nach Wunsch garen. Falls nötig, die Steaks nacheinander braten. Vor dem Servieren 5 Minuten ruhen lassen. Dann auf jedes Steak Brunnenkressebutter geben und servieren.

> Servieren Sie die Steaks mit klassischen Beilagn wie den dreifach gegarten Pommes Frites (s. S. 110).

Rumpsteak-Sandwich

mit Senf-Dressing

Für 4 | **Vorh.** 10 Min. | **Garen** 25 Min.

Zutaten

- 8 dicke Scheiben Weißbrot
- weiche Butter, zum Bestreichen
- 2 Handvoll gemischte Salatblätter
- 3 EL Olivenöl
- 2 Zwiebeln, in dünnen Ringen
- 700 g Rumpsteak (2,5 cm dick)
- 1 EL Worcestersauce
- 2 EL körniger Senf
- 2 EL Wasser
- Salz und Pfeffer

1. Jede Scheibe Brot mit Butter bestreichen und einige Salatblätter auf die vier unteren Scheiben legen.

2. In einer großen Pfanne bei mittlerer Temperatur 2 Esslöffel Öl erhitzen. Die Zwiebelringe hineingeben und unter gelegentlichem Rühren 10–15 Minuten dünsten, bis sie weich und goldbraun sind. Die Zwiebelringe mit einem Schaumlöffel aus der Pfanne auf einen Teller heben und beiseitestellen.

3. Die Herdplatte auf die höchste Stufe erhitzen und das restliche Öl in die Pfanne geben. Das Rumpsteak hineinlegen, mit Pfeffer würzen und von beiden Seiten scharf anbraten. Auf mittlere Hitze reduzieren und für weitere 2½–3 Minuten von jeder Seite braten, wenn das Steak blutig sein soll. Sonst wie gewünscht garen. Dann das Steak auf den Teller mit den Zwiebeln legen.

4. Worcestersauce, Senf und Wasser in die Pfanne geben. Mit einem Holzlöffel den Bratensatz vom Pfannenboden abschaben und mit der Flüssigkeit verrühren. Danach die Zwiebeln zufügen und rühren. Mit Salz und Pfeffer würzen.

5. Das Steak durch die Faser in dünne Scheiben schneiden, auf die vier unteren Brotscheiben verteilen und mit den Zwiebeln in Senf-Dressing bedecken. Dann die Brotscheiben darauflegen und leicht andrücken. Sofort servieren.

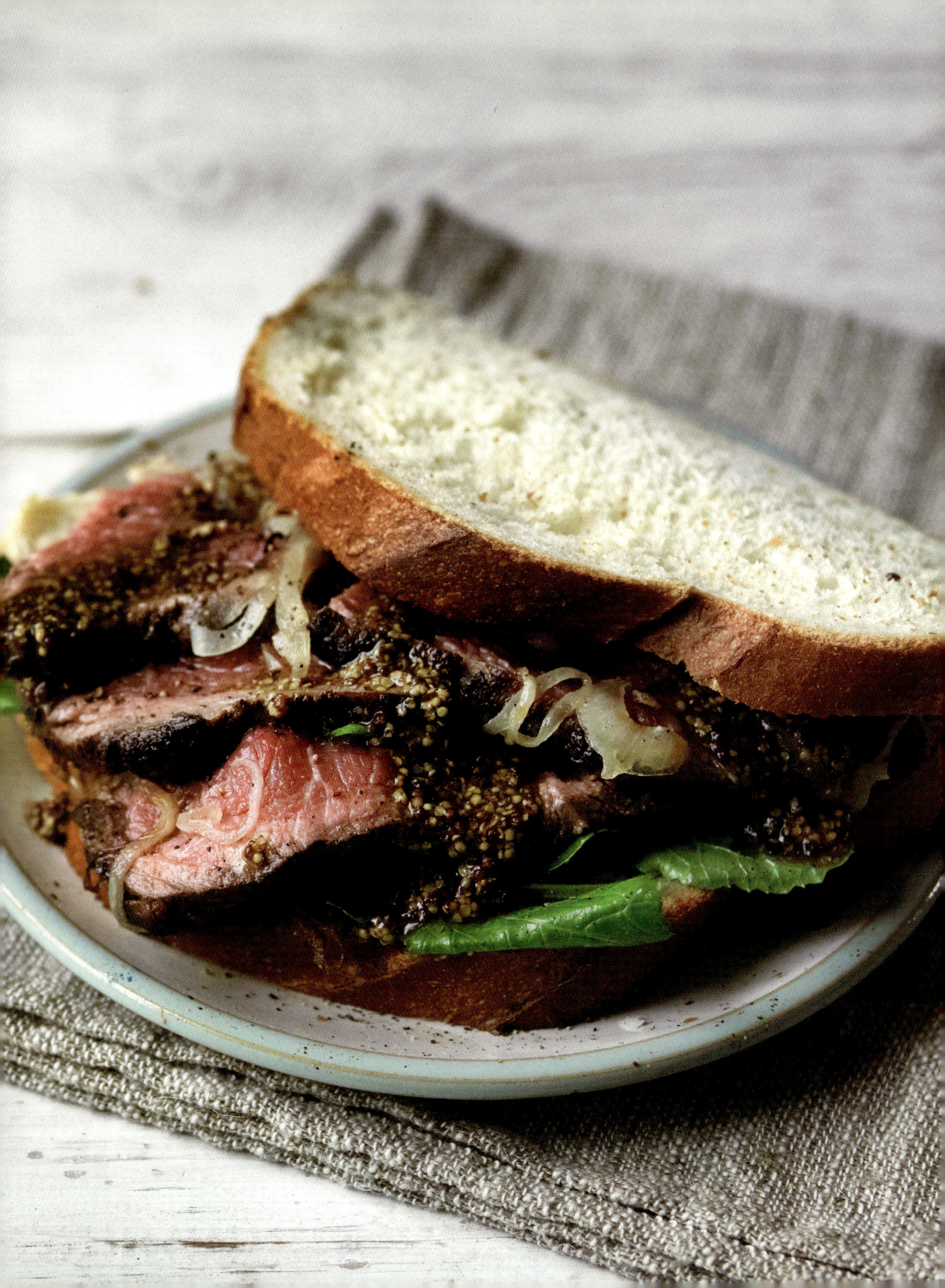

Strip-Steak
mit Sauce béarnaise

Für 4 | **Vorh.** 15 Min. | **Garen** 30–35 Min.

Zutaten

4 Strip-Steaks
(vom Roastbeef) oder
Rumpsteaks
(à 225 g)
1 EL Olivenöl
Salz und Pfeffer

Sauce béarnaise
1 großes Bund Estragon
1 Schalotte, fein gehackt
100 ml Weißweinessig
4 Pfefferkörner
2 Eigelb
200 g Butter, gewürfelt

1. Für die Sauce béarnaise die zartesten Estragonblätter abzupfen, fein hacken und beiseitestellen. Den restlichen Estragon grob hacken, dann mit Schalotte, Essig und Pfefferkörnern in einem Topf dünsten und bis auf ein Volumen von etwa 1 Esslöffel reduzieren. Durch ein Sieb in eine saubere, hitzebeständige Schüssel drücken.

2. Wasser in einem Topf zum Kochen bringen, die Schüssel mit der Essigreduktion darüber platzieren und vorsichtig das Eigelb mit dem Schneebesen einrühren, bis die Mischung leicht andickt. Dann langsam nach und nach die Butterwürfel zufügen und weiter mit dem Schneebesen einarbeiten, bis die Sauce dickflüssig ist. Die zarten Estragonblätter unterrühren und mit Salz würzen. Von der Herdplatte nehmen und abdecken, damit die Sauce warm bleibt, während die Steaks zubereitet werden.

3. Die Steaks mit Öl einreiben und mit Salz und Pfeffer würzen. Eine große Pfanne auf hoher Stufe erhitzen und die Steaks darin von jeder Seite 3–4 Minuten englisch, oder wie gewünscht garen. 5 Minuten zum Ruhen beiseitestellen. Anschließend mit der Sauce béarnaise servieren.

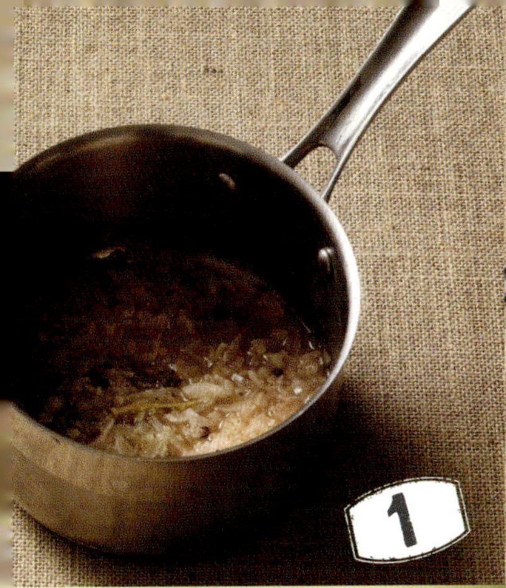
1
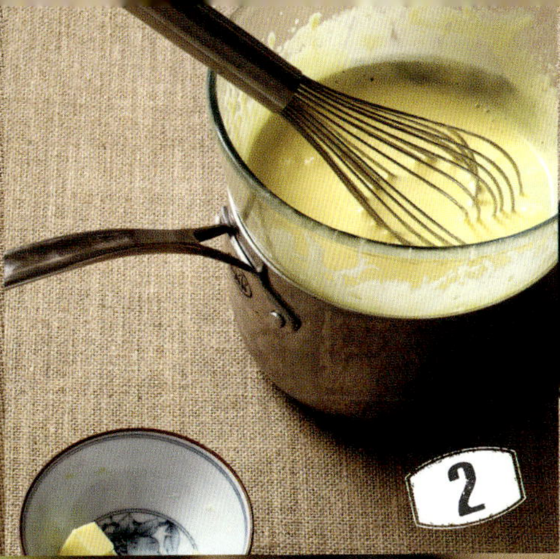
2
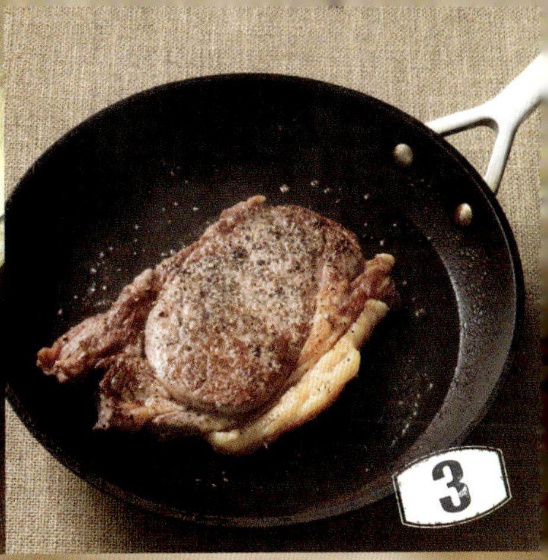
3
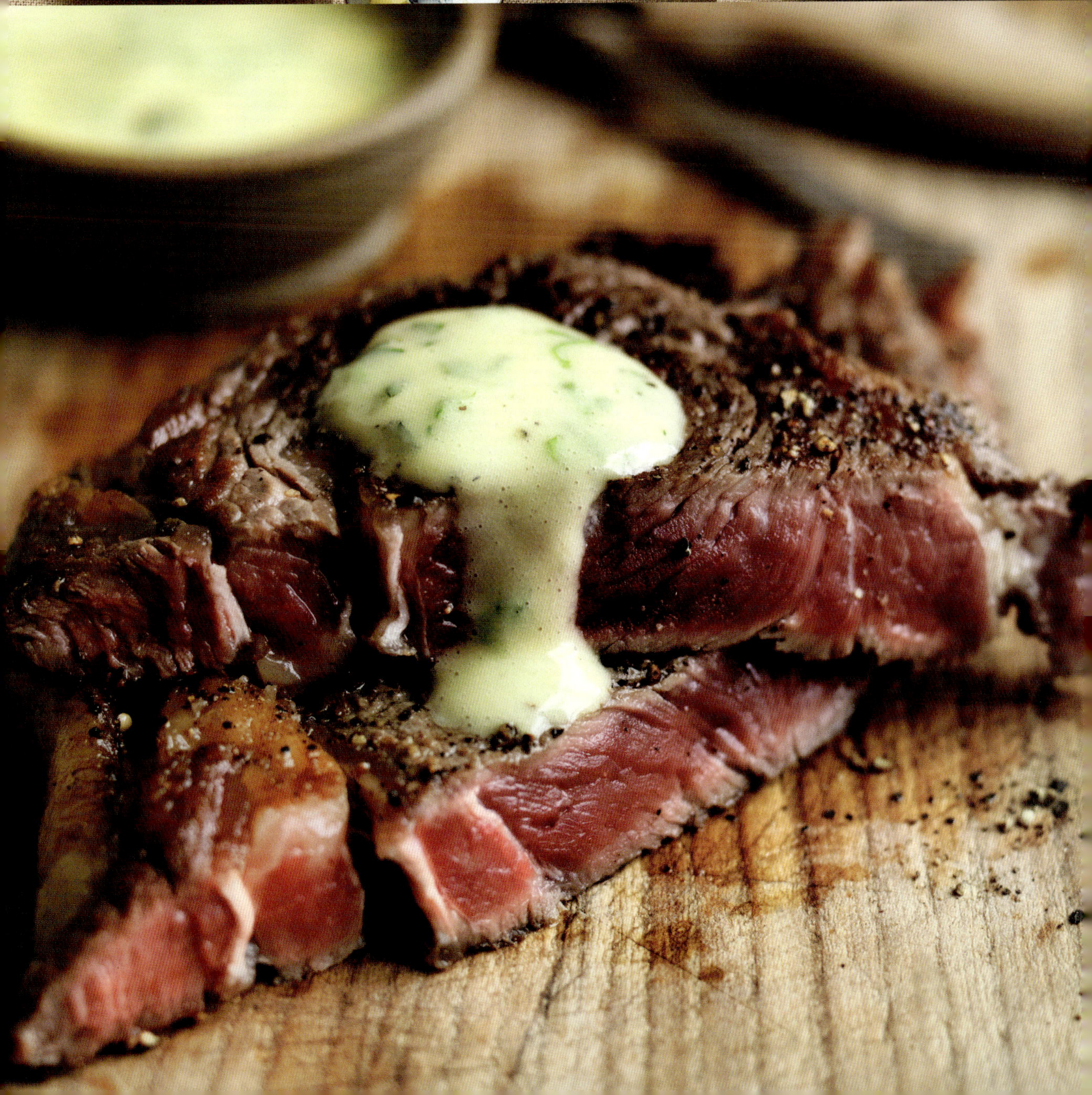

Porterhouse-Steak

mit Chili und Knoblauch

Zutaten | **Für 4** | **Vorb. 10 Min.** | **Garen 10 Min.**

4 Porterhouse- oder T-Bone-Steaks (à 350 g)

Chili-Knoblauch-Marinade
1 TL Salz
2 TL Pfeffer
4 EL Olivenöl
3 Knoblauchzehen, zerdrückt
1 TL Chiliflocken

1. Alle Zutaten für die Marinade in einen Mörser geben und zu einer groben Paste zerstoßen. Alternativ kann die gewünschte Konsistenz in einer Küchenmaschine oder mit dem Stabmixer erreicht werden.

2. Nun die Steaks rundum mit der Chili-Knoblauch-Mischung einreiben.

3. Eine Grillpfanne auf mittlerer bis hoher Stufe erhitzen. Die Steaks von jeder Seite 5 Minuten englisch, oder wie gewünscht garen. Vor dem Servieren 5 Minuten zum Ruhen beiseitestellen.

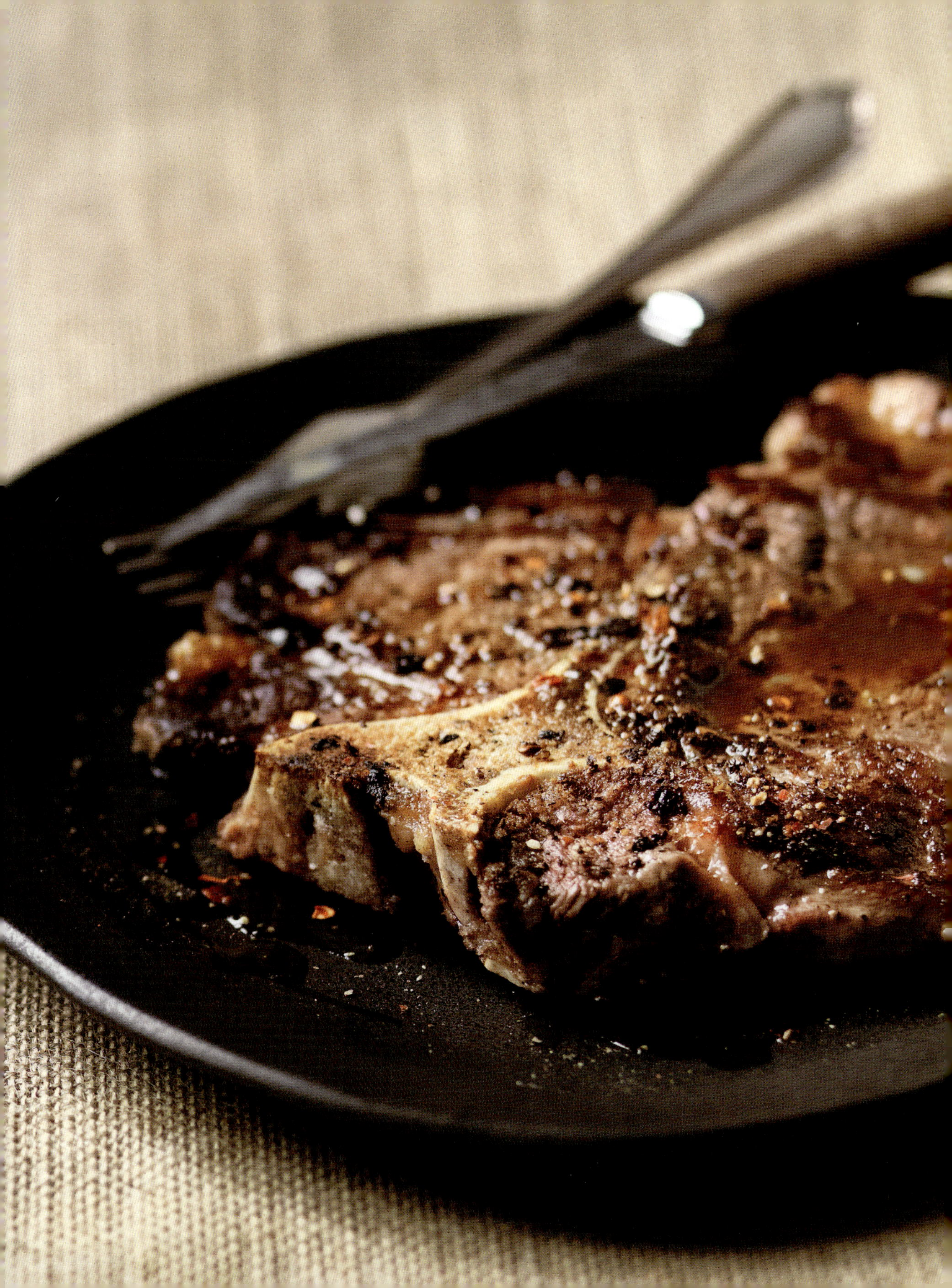

T-Bone-Steak

mit Pfeffersauce

Zutaten

Für 4 | **Vorh.** 10 Min. | **Garen** 20 Min.

4 T-Bone-Steaks (à 350 g)
2 EL Olivenöl
1 TL Salz
1 TL Pfeffer

Pfeffersauce
1 EL Olivenöl
1 EL Butter
2 Schalotten, fein gehackt
2 Knoblauchzehen, zerdrückt
100 ml Weinbrand
200 g Sahne
1 EL Dijon-Senf
1 TL Salz
1 EL gemischte Pfefferkörner, grob zerstoßen

1. Für die Pfeffersauce einen Topf auf kleiner bis mittlerer Stufe erhitzen und Öl und Butter hineingeben. Schalotten und Knoblauch 5–10 Minuten darin dünsten, bis sie glasig sind. Den Weinbrand zugießen und flambieren. Die Sahne zufügen und kochen, bis die Sauce auf die Hälfte reduziert ist. Senf, Salz und zerstoßene Pfefferkörner zufügen. Bis zum Verzehr warm stellen.

2. Die Steaks mit Olivenöl einreiben und mit Salz und Pfeffer würzen.

3. Eine Grillpfanne auf hoher Stufe erhitzen. Die Steaks von jeder Seite 5 Minuten englisch, oder nach Wunsch garen. Falls nötig, die Steaks nacheinander braten. 5 Minuten zum Ruhen beiseitestellen, anschließend mit der Pfeffersauce servieren.

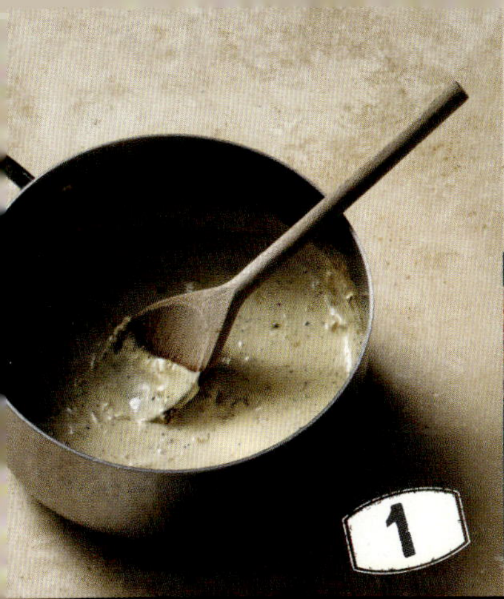
1
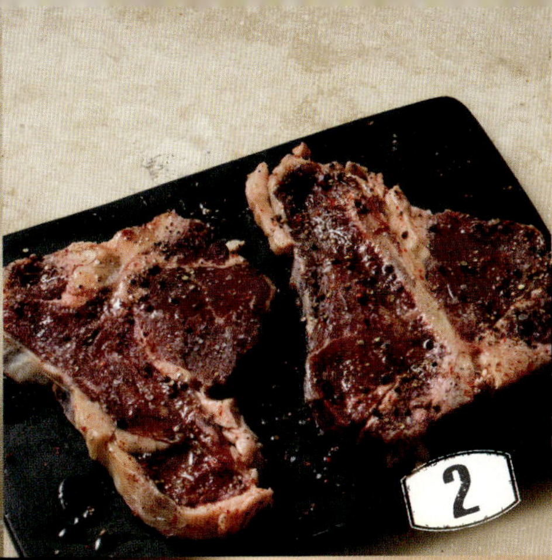
2
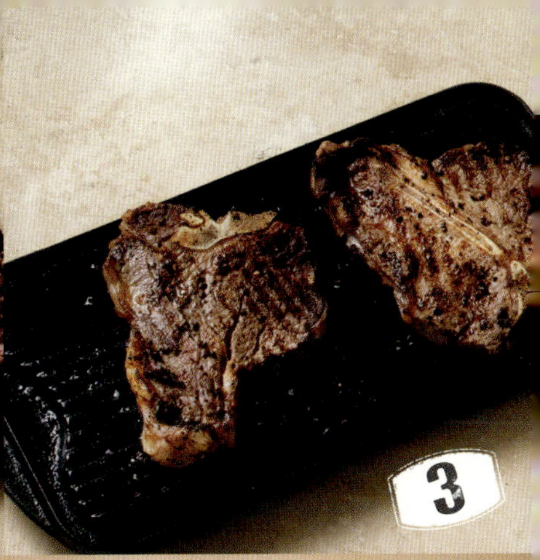
3
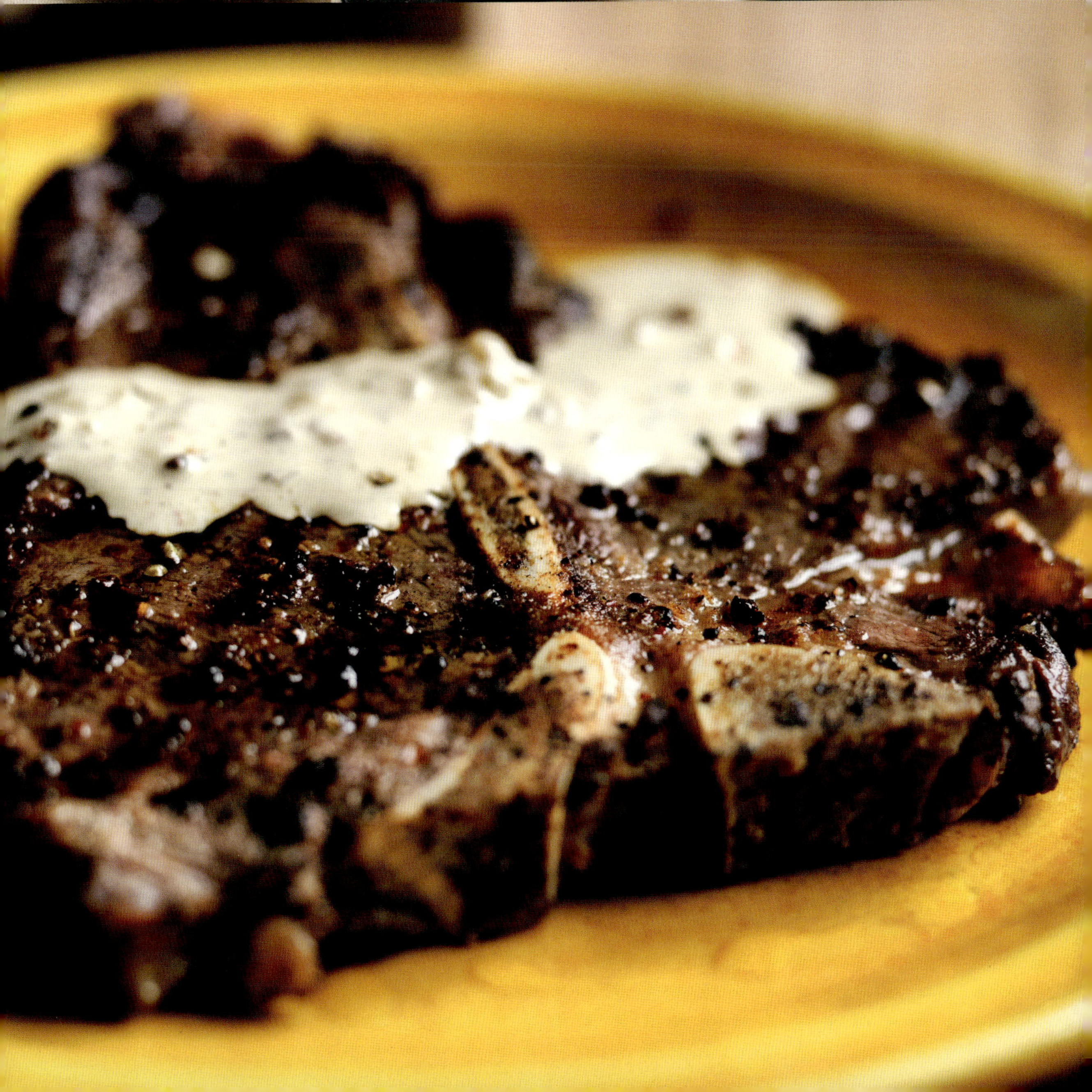

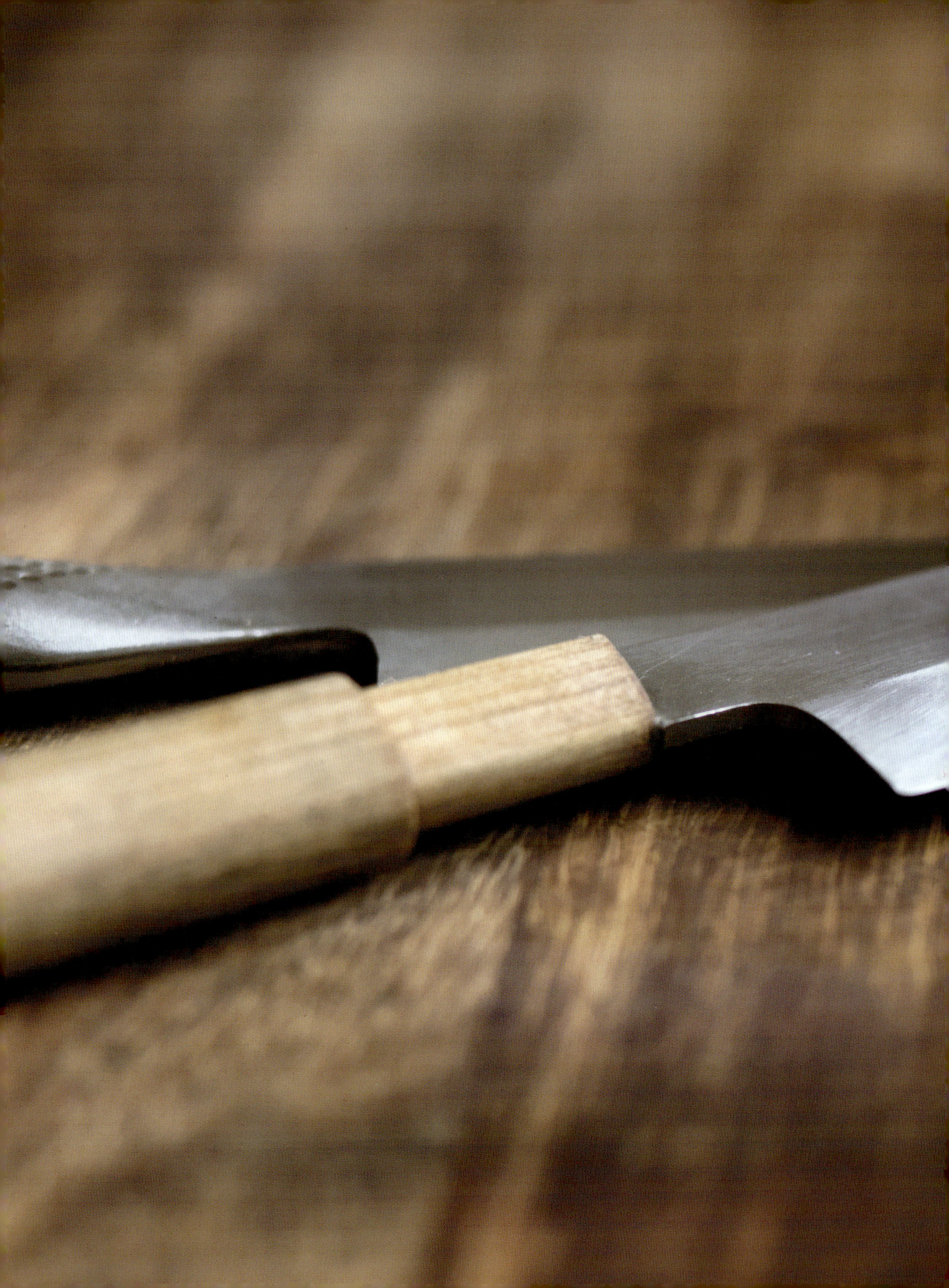

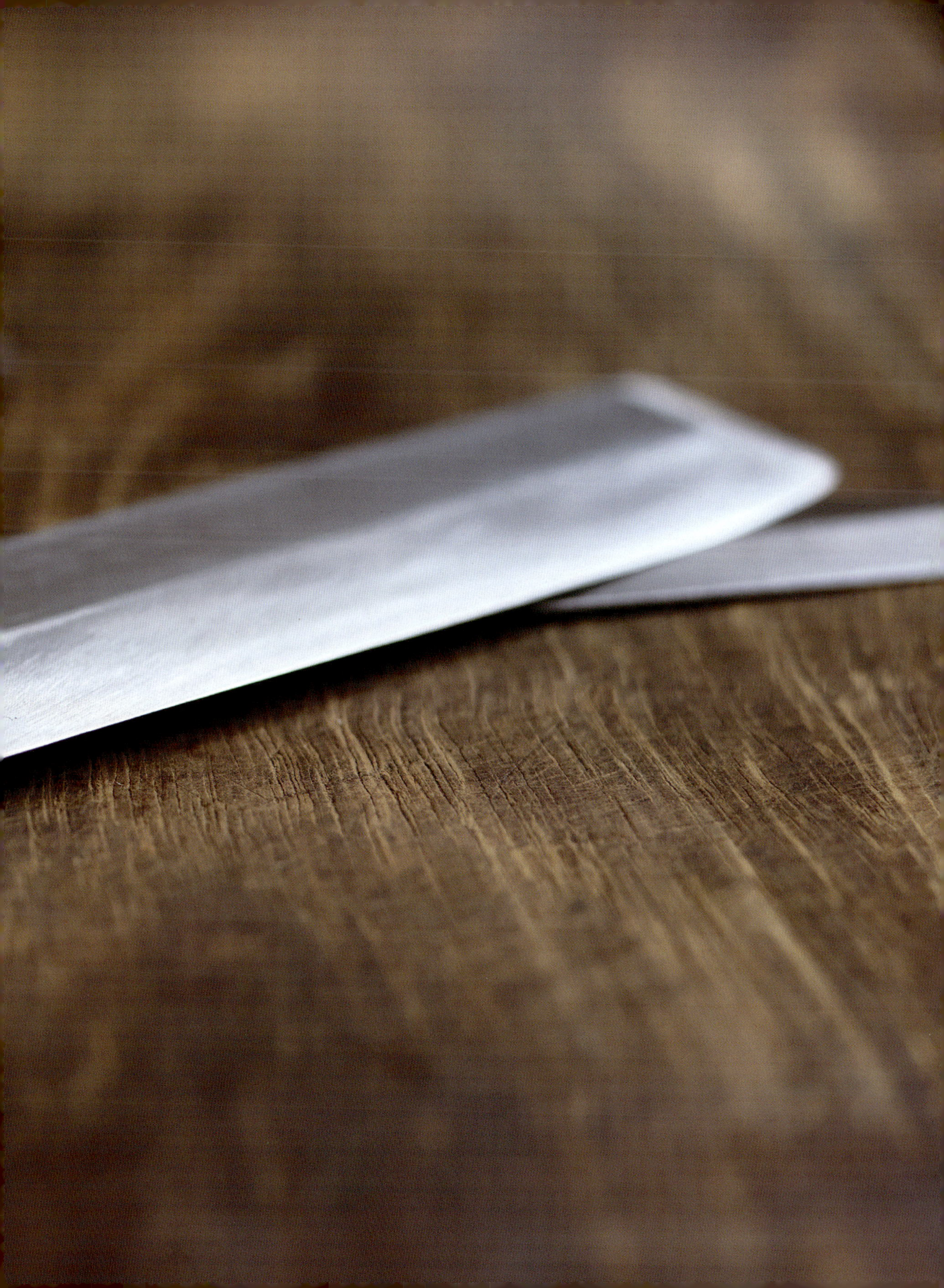

Steakhouse-Burger

mit herzhaftem Gruyère

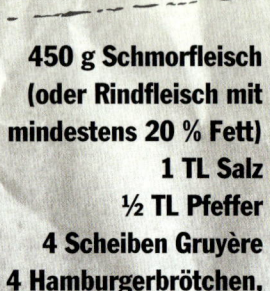

Zutaten

Für 4 | **Vorb.** 20 Min. | **Garen** 10 Min.

450 g Schmorfleisch (oder Rindfleisch mit mindestens 20 % Fett)
1 TL Salz
½ TL Pfeffer
4 Scheiben Gruyère
4 Hamburgerbrötchen, aufgeschnitten

1. Das Fleisch in 2,5 cm große Würfel schneiden und auf einen Teller legen, mit Frischhaltefolie bedecken und 30 Minuten in den Kühlschrank stellen.

2. Die Hälfte des Fleisches in die Küchenmaschine geben. Etwa 15-mal nur kurz auf den Einschaltknopf drücken, aber nicht durchlaufen lassen. Das Fleisch mit Salz und der Hälfte des Pfeffers würzen und erneut 15-mal kurz starten, bis das Fleisch fein gehackt, aber nicht breiig ist. Aus der Küchenmaschine nehmen und den Vorgang mit der anderen Hälfte des Fleisches wiederholen. Anschließend in vier gleich große Portionen aufteilen und jede zu einer flachen Frikadelle formen.

3. Eine Grillpfanne auf mittlerer bis hoher Stufe erhitzen und die Fleischportionen hineinlegen. Von jeder Seite 3 Minuten englisch, oder nach Wunsch braten. Für die letzten 2 Minuten in der Grillpfanne auf jeden Hamburger eine Scheibe Käse legen.

4. Sofort in Hamburgerbrötchen servieren und dazu nach Belieben Saucen und Beilagen reichen.

Man kann die Burger auch vorbereiten und im Kühlschrank 1–2 Tage in Backpapier eingewickelt aufbewahren.

Flank-Steak

in der besten Barbecuemarinade

Für 4–6 · **Vorh.** 5 Min. · **Garen** 10–15 Min.

Zutaten

- 4 Knoblauchzehen, fein gehackt
- 4 EL Olivenöl, plus etwas mehr zum Einreiben
- 50 g brauner Zucker
- 2 EL Rotweinessig
- 4 EL Sojasauce
- 1 TL Dijon-Senf
- 1 TL Pfeffer
- 800 g Flank-Steak (vom unteren Rippenbereich, aus dem Bauchlappen unterhalb des Filets)
- Salz

1. Alle Zutaten mit Ausnahme von Fleisch und Salz in einen großen, wiederverschließbaren Gefrierbeutel geben. Verschließen und schütteln, damit sich die Zutaten vermengen. Dann das Steakfleisch hineinlegen und wieder verschließen, dabei die Luft herauspressen. Im Kühlschrank 6–12 Stunden marinieren. 1 Stunde vor der Zubereitung aus dem Kühlschrank nehmen, damit das Fleisch Zimmertemperatur annehmen kann.

2. Das Steak auf einen großen Teller legen und die Marinade aufbewahren. Das Steak trocken tupfen und von beiden Seiten mit Salz bestreuen.

3. Eine Grillpfanne auf hoher Stufe erhitzen. Ein wenig Öl über die Grillpfanne streichen und das Steak hineinlegen. Von beiden Seiten 5–6 Minuten englisch, oder nach Wunsch garen. Vor dem Servieren 10 Minuten ruhen lassen.

4. In der Zwischenzeit die Marinade in einem Topf zum Kochen bringen. Das Steak durch die Faser in Scheiben schneiden und mit der Marinade servieren.

1. 2. 3.

Rinderfilet-Medaillons
mit Biersauce

Zutaten

Für 4–6 · **Vorb.** 10 Min. · **Garen** 30 Min.

- 1,5 kg Rinderfilet
- 2 EL Olivenöl
- 1 TL Salz
- 1 TL Pfeffer

Biersauce
- 2 EL Olivenöl
- 2 EL Butter
- 2 Schalotten, fein gehackt
- 2 Knoblauchzehen, zerdrückt
- 2 EL Mehl
- 300 ml Bier
- 300 ml heiße Rinderbrühe
- 2 EL Worcestersauce
- 1 EL frisch gehackter Thymian
- 1 EL frisch gehackte Petersilie
- 1 TL Salz
- 1 TL Pfeffer

1. Für die Biersauce einen Topf auf mittlerer Stufe erhitzen, Olivenöl und Butter hineingeben. Schalotten und Knoblauch 5–10 Minuten dünsten, bis sie glasig sind. Dann das Mehl zufügen und einige Minuten unter Rühren dünsten, bis es beginnt, Farbe anzunehmen. Nach und nach das Bier zufügen und einrühren, danach Brühe und Worcestersauce unterrühren. Die Sauce reduzieren, bis sie leicht dickflüssig ist, dann Thymian, Petersilie, Salz und Pfeffer zufügen. Bis zur weiteren Verwendung warm stellen.

2. Das Rinderfilet auf einem Schneidbrett mit Olivenöl einreiben und mit Salz und Pfeffer würzen.

3. Eine Grillpfanne auf mittlerer bis hoher Stufe erhitzen und das Rinderfilet darin 15–20 Minuten braten; es sollte rundherum gebräunt sein. 10 Minuten ruhen lassen, dann in Scheiben schneiden und mit der Biersauce servieren.

Verwenden Sie für die Sauce ein helles Bier Ihrer Wahl.

Beef Wellington

Für 4–6 | **Vorb.** 30 Min. | **Garen** 1 Std.

Zutaten

- 2 EL Olivenöl
- 1,5 kg Rinderfilet
- Salz und Pfeffer
- 50 g Butter
- 150 g Champignons, gehackt
- 2 Knoblauchzehen, zerdrückt
- 150 g weiche Leberpastete
- 1 EL frisch gehackte Petersilie
- 2 TL englischer Senf
- 500 g fertiger Blätterteig
- 1 Ei, leicht verquirlt

1. Eine Pfanne auf hoher Stufe erhitzen und das Olivenöl hineingeben. Das Rinderfilet salzen und pfeffern und rundum scharf anbraten, wenn es blutig gegart sein soll. Abkühlen lassen.

2. In einer Pfanne auf mittlerer Stufe die Butter zerlassen, die Pilze hineingeben und 5 Minuten dünsten. Die Hitze reduzieren, Knoblauch zufügen und weitere 5 Minuten dünsten. Die Pilzmischung in eine Schüssel füllen, Leberpastete und Petersilie zufügen und mit einer Gabel vermengen. Beiseitestellen und abkühlen lassen.

3. Den Senf in das Rinderfilet reiben. Den Blätterteig zu einem so großen Rechteck ausrollen, dass das Rinderfilet damit ganz ummantelt werden kann. Die Pilzmischung auf dem Teig verteilen, dabei einen Rand von 5 cm freilassen. Das Rinderfilet darauflegen. Die Ränder des Teiges mit dem verquirlten Ei bestreichen, den Teig über das Fleisch falten und die Ränder übereinanderlegen.

4. Den Backofen auf 220 °C vorheizen. Das Filet in eine Bratform mit der Teignaht nach unten legen, die Oberfläche des Teiges mit Ei bepinseln und 15 Minuten in den Kühlschrank stellen. Danach 50 Minuten im Ofen garen. Nach 30 Minuten den Teig kontrollieren – eventuell mit Alufolie bedecken, damit er nicht verbrennt. Vor dem Servieren 15 Minuten mit Alufolie abgedeckt ruhen lassen.

Wenn Sie das Fleisch durchgebraten bevorzugen, garen Sie es nach dem Anbraten noch 20 Minuten bei 220°C im Ofen.

Rumpsteak

mit scharfer Chilikruste

Zutaten

Für 4–6
Vorh. 10 Min.
Garen 20 Min.

2 kg Rumpsteak

Chilikruste
3 EL Chilipaste
(aus Chipotle-Chilis)
1 TL Chiliflocken
3 EL Muskovado-Zucker
3 EL Sherry-Essig
4 EL Olivenöl
3 Knoblauchzehen, zerdrückt
2 TL Salz
2 TL Pfeffer

1. Alle Zutaten für die Chilikruste in einen Mörser geben und zu einer feinen Paste verarbeiten. Alternativ können Sie anstelle des Mörsers auch eine Küchenmaschine oder einen Stabmixer benutzen.

2. Das Steak in eine flache, nicht metallene Schüssel legen, die Chilimischung darübergeben und das Fleisch darin wälzen. Abdecken und 4–12 Stunden in den Kühlschrank stellen.

3. Das Rumpsteak 2 Stunden vor dem Braten aus dem Kühlschrank nehmen, damit es Zimmertemperatur annehmen kann.

4. Eine Grillpfanne auf mittlerer bis hoher Stufe erhitzen. Das Steak von jeder Seite 10 Minuten englisch, oder nach Wunsch garen. 5 Minuten ruhen lassen. Das Fleisch vor dem Servieren in Scheiben schneiden.

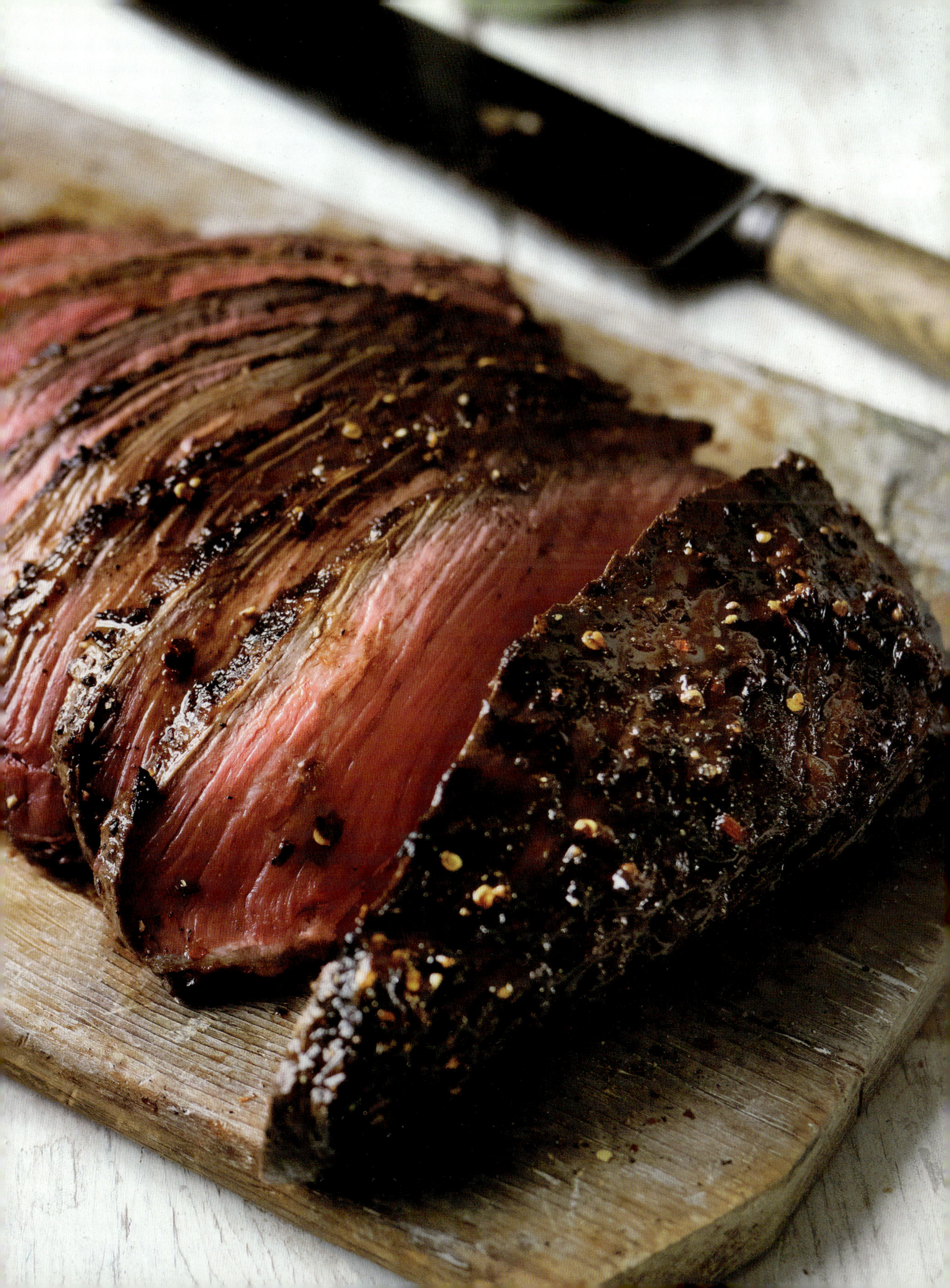

VIERUNDZIEBZIG CARPACCIO
BEEFSTEAK-TARTAR

Rumpsteak in Zitronen-Thymian-Marinade

82 RUMPSTEAK MIT SESAM UND SCHARFEM ASIA-GEMÜSE

STEAKFINGER IN CHILIKRUSTE MIT GURKENDIP

Rumpsteak in Limetten-Tequila-Marinade

SICHUAN-STEAK AUF NUDELN UND SALAT

NEUNZIG GEFÜLLTES STEAK MIT ZIEGEN-KÄSE UND MINZ-COUSCOUS

SESAMSTEAK IN INGWER-SOJA-MARINADE

Tri-Tip-Steak in asiatischer Marinade

SCHULTERSCHERZEL IN ROSMARIN-ROTWEIN-SAUCE

KAPITEL DREI
STEAK FÜR ZWEI

Carpaccio

Zutaten

Für 2

Vorh. 5 Min.

250 g Rinderfilet am Stück in erstklassiger Qualität
100 ml natives Olivenöl extra
25 g Pinienkerne
100 g Rucola
10 g Parmesan
1 TL Trüffelöl (nach Belieben)
Salz und Pfeffer

1. Das Rinderfilet 1 Stunde vor der Verwendung ins Gefrierfach legen, damit es etwas steif wird und sich besser schneiden lässt. Jegliches Fett oder Sehnen vom Fleisch entfernen und dann in hauchdünne Scheiben schneiden.

2. Eine Scheibe Filet auf ein Schneidbrett legen. Mit der flachen Seite eines breiten Messers flach drücken und ziehen. Mit allen anderen Scheiben ebenso verfahren.

3. Ein wenig Olivenöl auf einen Teller geben, eine Lage Filetscheiben darauf verteilen und noch etwas Öl darübergießen. Wiederholen, bis alle Rindfleischscheiben eingelegt sind und das Öl verbraucht ist. Mindestens 30 Minuten in den Kühlschrank stellen, wenn möglich, 2 Stunden. In der Zwischenzeit die Pinienkerne in einer trockenen Pfanne auf mittlerer Stufe rösten, bis sie leicht gebräunt sind, dann beiseitestellen.

4. Zwei Essteller mit dem Rucola auslegen, die Filetscheiben aus der Marinade heben und gleichmäßig auf beide Teller verteilen. Die Pinienkerne darüberstreuen und den Parmesan mit einem Sparschäler in dünnen Spänen darüber verteilen. Nach Belieben einige Tropfen Trüffelöl darübergeben, mit Salz und Pfeffer bestreuen und servieren.

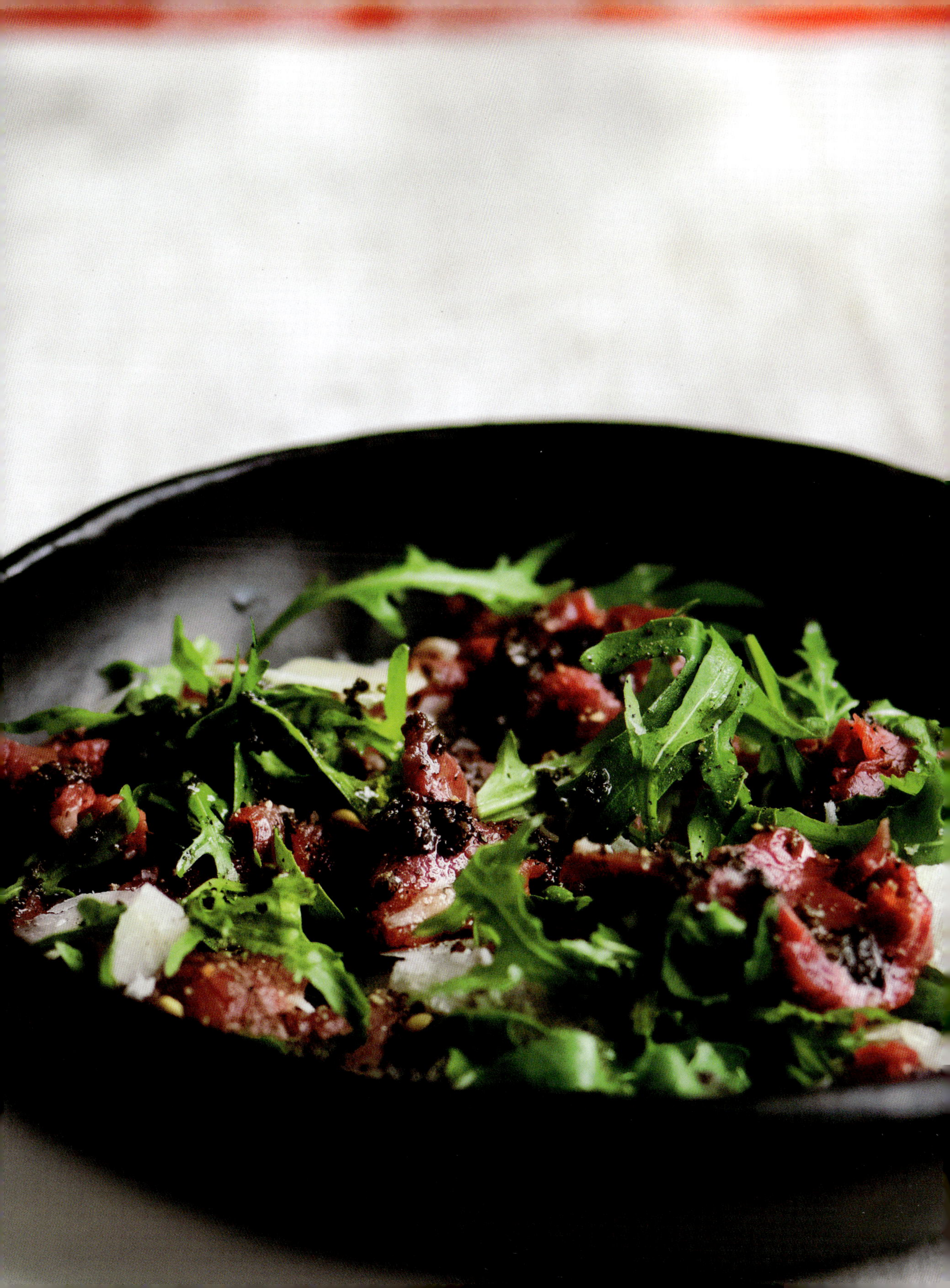

Beefsteak-Tatar

Zutaten

Für 2 — **Vorb. 15 Min.**

- 250 g Rinderfilet oder Rumpsteak in erstklassiger Qualität
- 1 EL fein gehackte frische Petersilie
- 1 EL fein gehackte Kapern
- 1 EL fein gehackte Schalotte
- 1 EL fein gehackte Gewürzgurke
- 2 Spritzer Tabasco
- 2 Spritzer Worcestersauce
- 1 EL Dijon-Senf
- ½ TL Salz
- 2 Eigelb

1. Alle Zutaten, ein Schneidbrett und eine Schüssel 20 Minuten vor Beginn kalt stellen. Dann aus dem Kühlschrank nehmen und das Fleisch von Hand sehr fein hacken.

2. Das gehackte Filet in die kühle Schüssel legen. Alle anderen Zutaten, ausgenommen das Eigelb, in die Schüssel geben und mit einer Gabel untermengen.

3. Die Fleischmischung zu zwei flachen, runden Burgern formen und jeweils eine Vertiefung in die Mitte drücken. Bis zum Servieren in den Kühlschrank stellen. Unmittelbar vor dem Servieren die Burger auf Teller verteilen und je ein Eigelb in die Vertiefung geben.

Sie können Tatar auch mit einem pochierten Ei servieren (mit noch flüssigem Eigelb).

Rumpsteak

in Zitronen-Thymian-Marinade

Für 2 | **Vorb.** 10 Min. | **Garen** 10 Min.

Zutaten

2 Rumpsteaks (à 280 g)
2 EL natives Olivenöl extra
Saft und Zesten von 1 Zitrone
1 kleines Bund Thymian, Blätter abgezupft

Marinade
4 EL Olivenöl
1 kleines Bund Thymian, Blätter abgezupft
2 Knoblauchzehen, zerdrückt
Saft und Zesten von 1 Zitrone
1 TL Salz
1 TL Pfeffer

1. Alle Zutaten für die Marinade in eine flache, nicht metallene Schüssel geben, in der die Steaks nebeneinander Platz haben. Die Zutaten gut vermengen.

2. Die Steaks in die Marinade legen und mehrfach wenden, bis sie gut benetzt sind. Abdecken und 4–12 Stunden in den Kühlschrank stellen. Zwischendurch einmal wenden. 1 Stunde vor dem Zubereiten die Steaks aus dem Kühlschrank nehmen, damit das Fleisch Zimmertemperatur annehmen kann.

3. Eine Grillpfanne auf hoher Stufe erhitzen. Die Steaks von jeder Seite 5 Minuten englisch oder nach Wunsch garen. Vor dem Servieren 5 Minuten zum Ruhen beiseitestellen.

4. Die Steaks in Scheiben schneiden und mit Olivenöl und Zitronensaft beträufeln. Mit Zitronenzesten und Thymian bestreuen und sofort servieren.

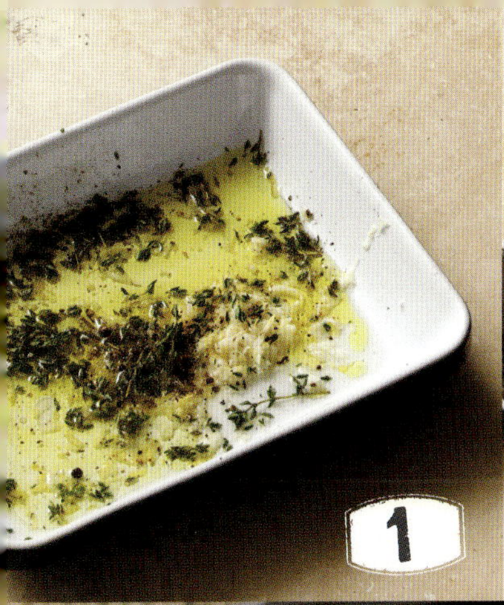
1

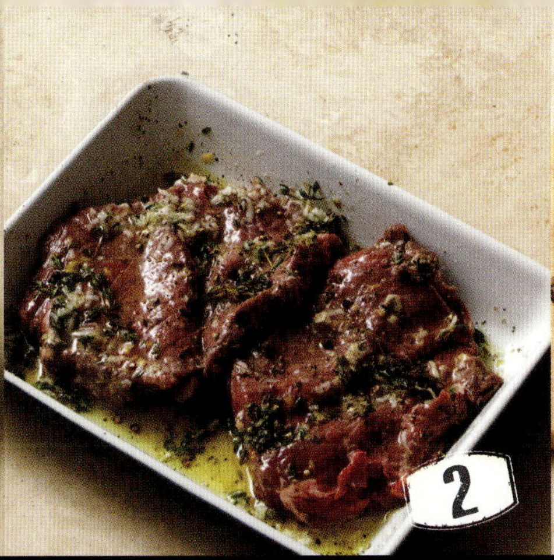
2

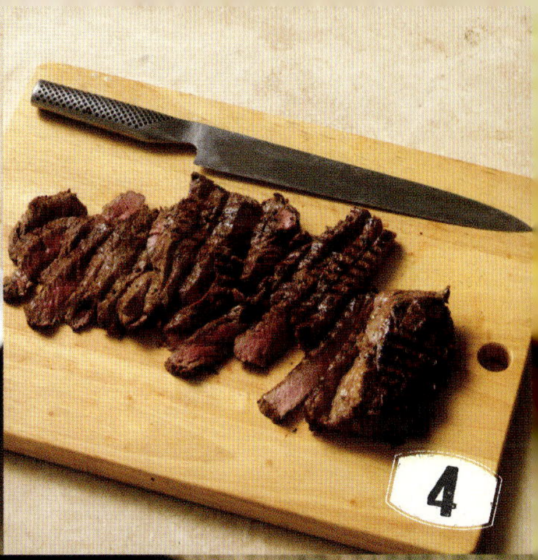
4

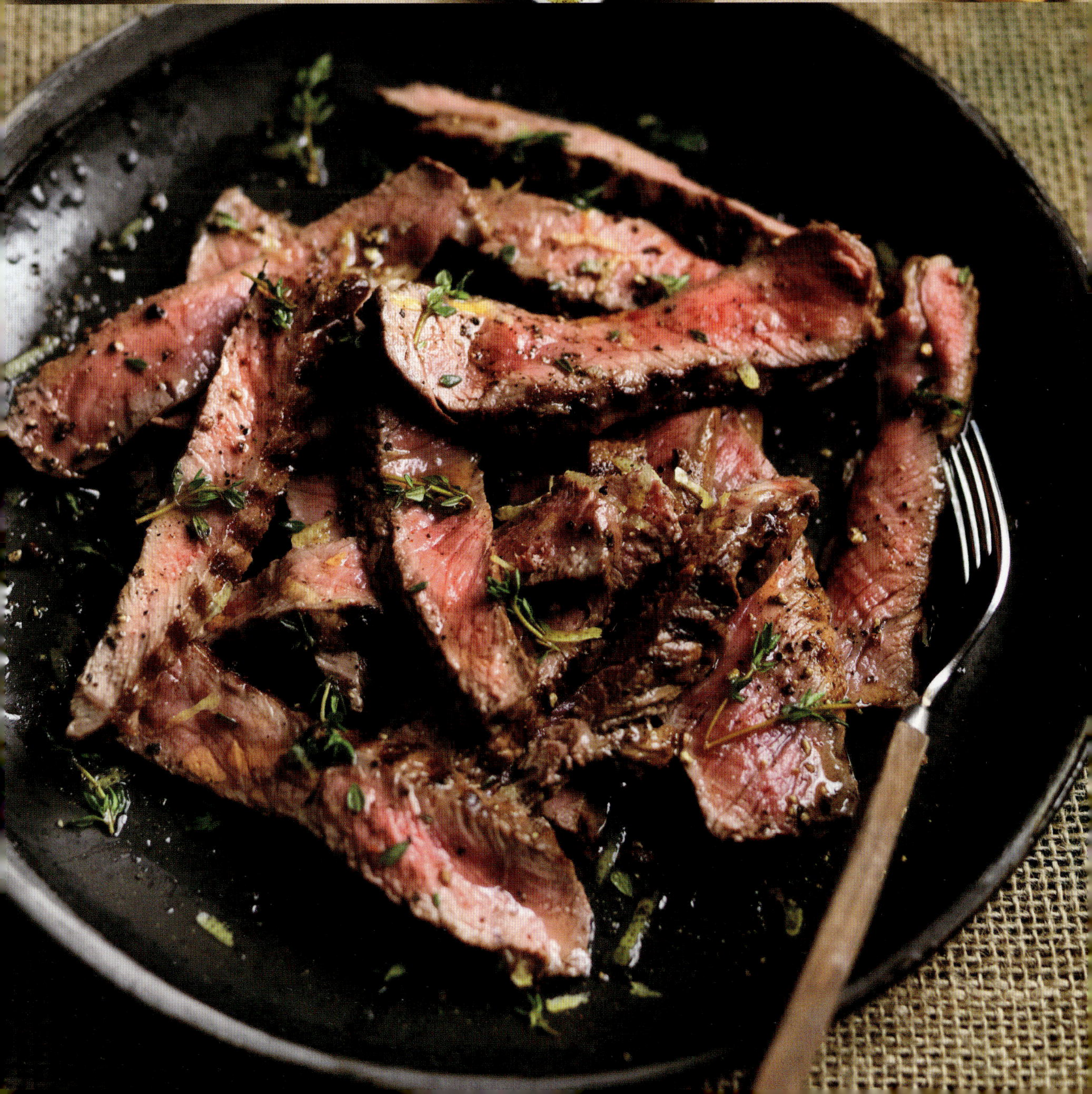

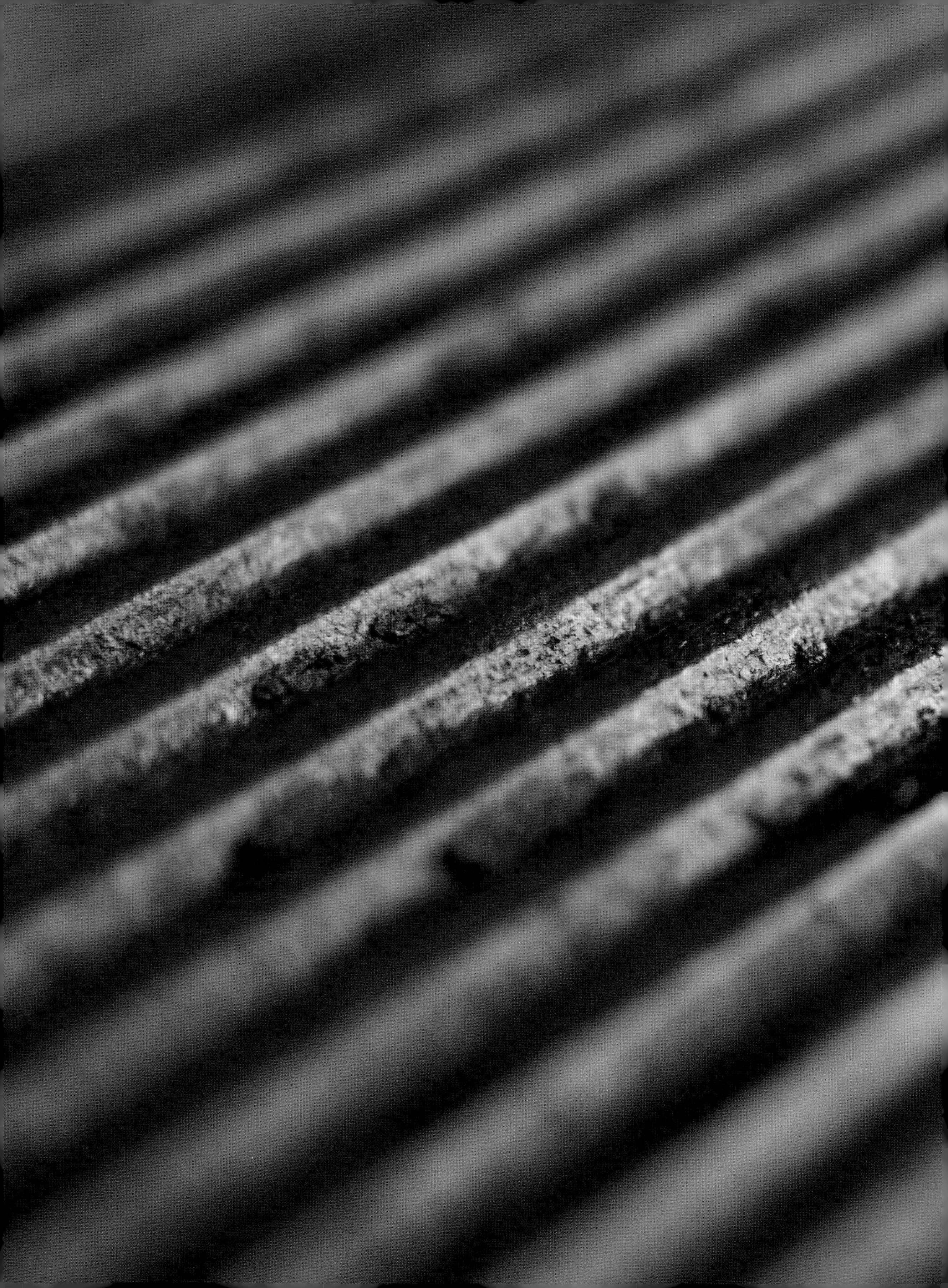

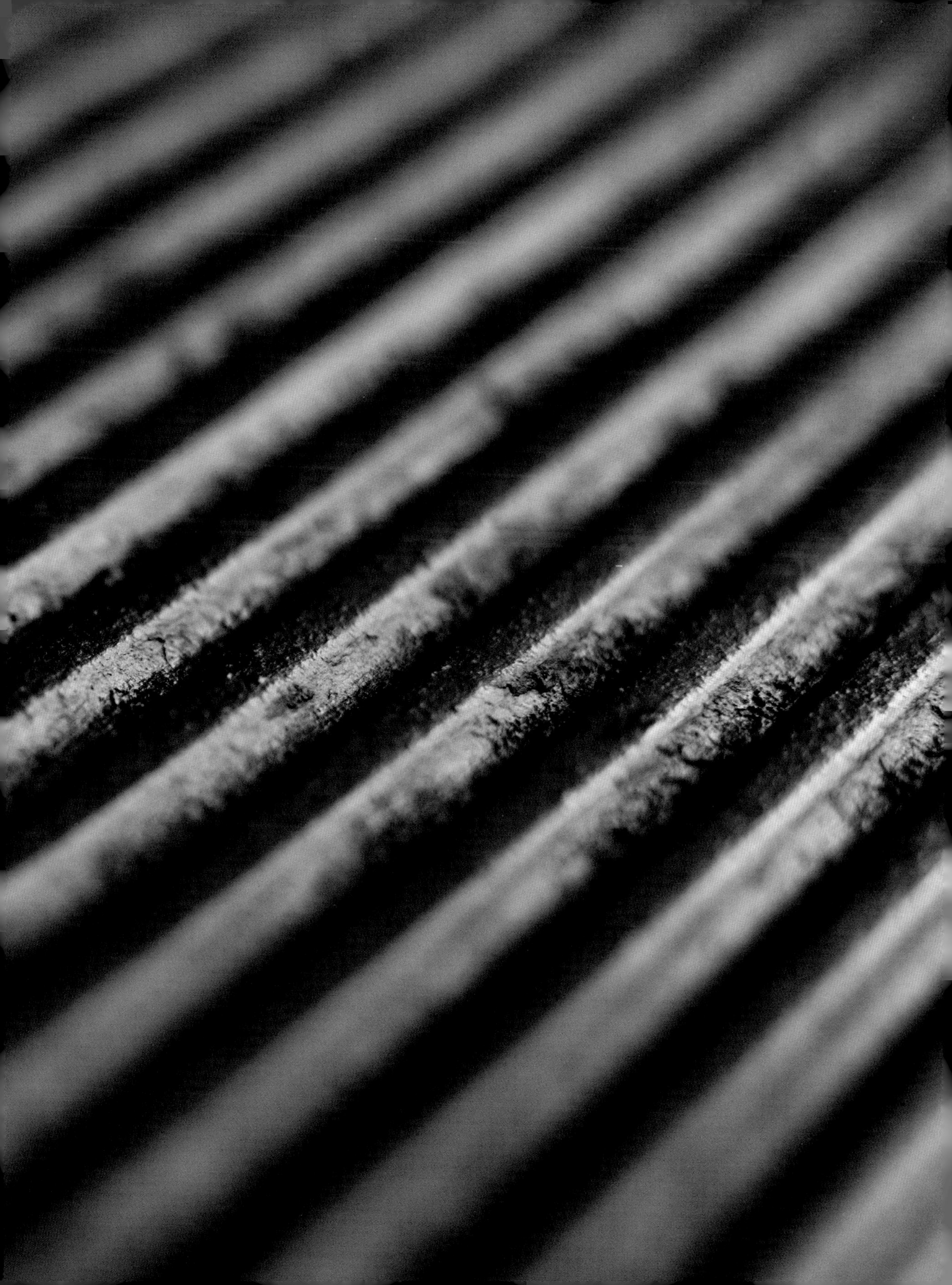

Rumpsteak
mit Sesam und scharfem Asia-Gemüse

Für 2 | **Vorh.** 15 Min. | **Garen** 15 Min.

Zutaten

1 EL Olivenöl
1 EL Sesamöl
1 EL Sojasauce
2 TL geröstete Sesamsaat
1 TL Pfeffer
2 Rumpsteaks (à 280 g)

Scharfes Asia-Gemüse
1 EL Olivenöl
2 Knoblauchzehen, fein gehackt
2-cm-Stück Ingwerwurzel, fein gehackt
1 frische rote Chili, fein gehackt
2 Frühlingszwiebeln, in feine Ringe geschnitten
400 g grünes asiatisches Gemüse (z.B. Pak Choi und Kai-lan), küchenfertig geschnitten
2 EL Sojasauce
1 EL Sesamsaat

1. Olivenöl, Sesamöl, Sojasauce, Sesamsaat und Pfeffer vermengen und die Steaks damit einreiben.

2. Eine große Pfanne auf mittlerer bis hoher Stufe erhitzen und die Steaks darin von jeder Seite 5 Minuten englisch oder nach Wunsch länger garen. Vor dem Servieren 5 Minuten ruhen lassen.

3. In der Zwischenzeit die Pfanne wieder auf die Herdplatte stellen und Olivenöl, Knoblauch, Ingwer, Chili, Frühlingszwiebeln und asiatisches Gemüse hineingeben und braten, bis das grüne Gemüse weich wird. Sojasauce und Sesamsaat zufügen und sofort mit den Steaks servieren.

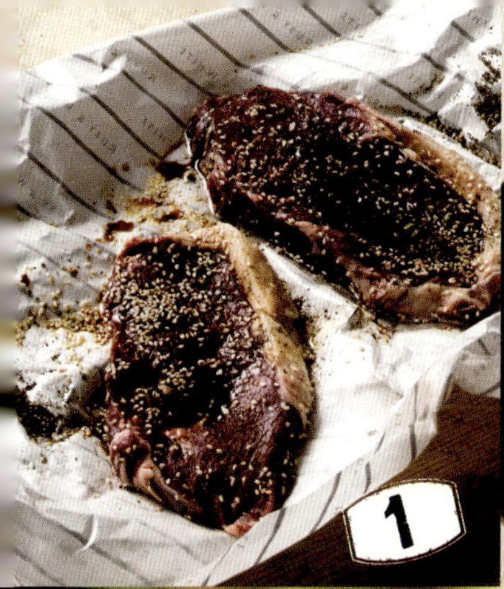
1
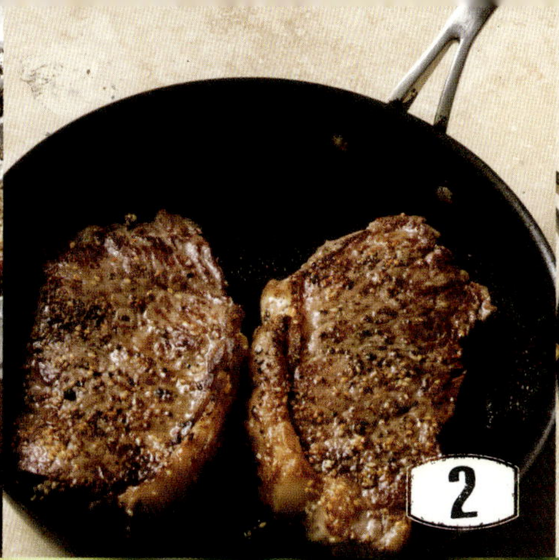
2
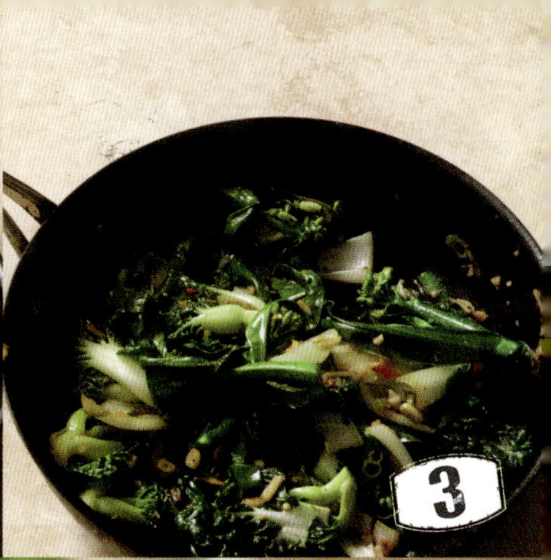
3
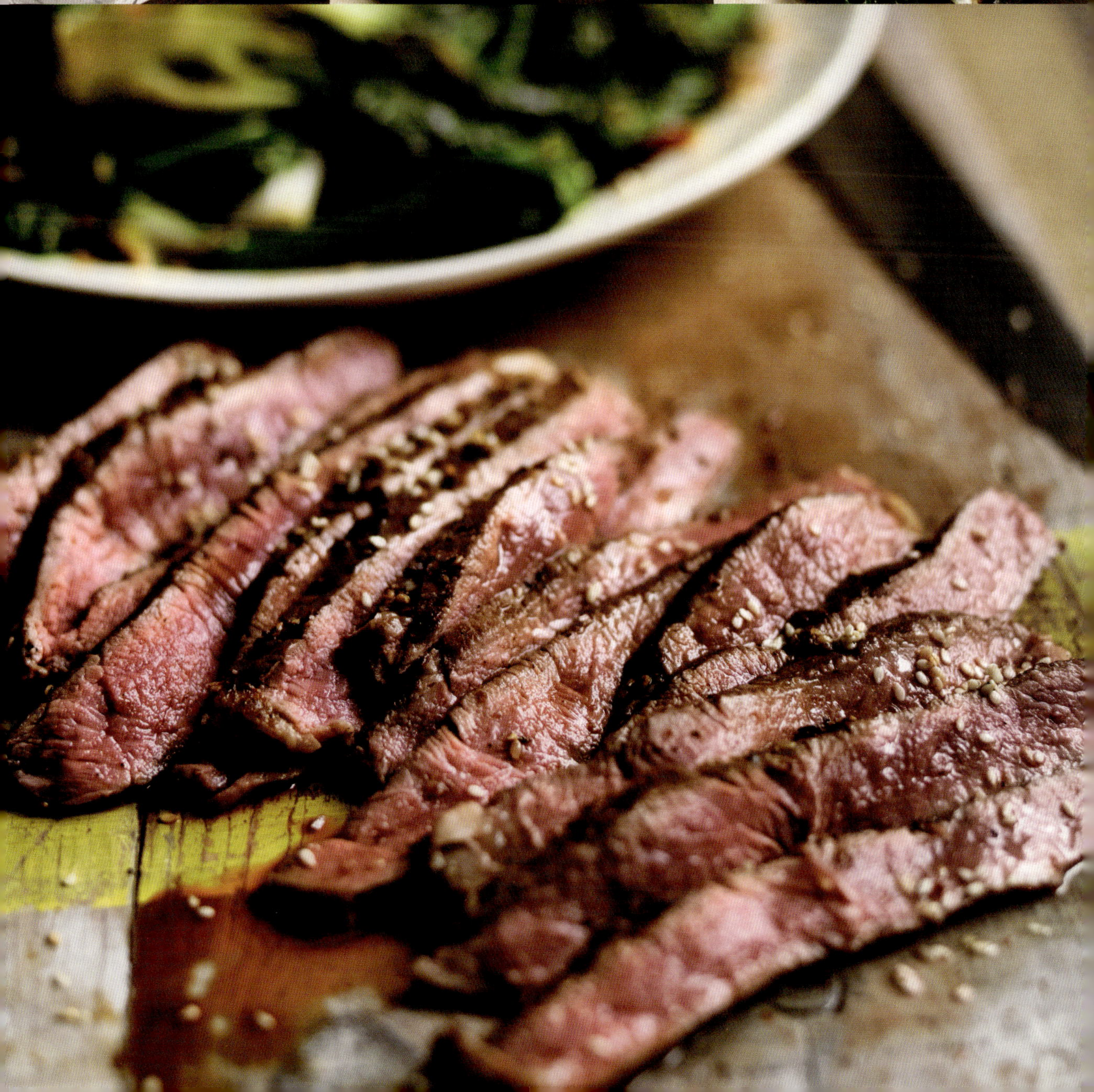

Steakfinger

in Chilikruste mit Gurkendip

Für 2 | **Vorb. 20 Min.** | **Garen 15 Min.**

Zutaten

Pflanzenöl, zum Frittieren

Steakfinger
2 EL Mehl
2 Eier, verquirlt
150 g Panko-Paniermehl
1 TL Chiliflocken
1 TL geräuchertes Paprikapulver (Pimentón)
1 TL Salz
1 TL Pfeffer
300 g Rinderfilet, in Streifen geschnitten

Gurkendip
200 g Naturjoghurt
½ Gurke, geraspelt
1 kleines Bund Minze, gehackt
Saft und Zesten von 1 Zitrone
1 Schalotte, fein gehackt
Salz und Pfeffer
1 Prise geräuchertes Paprikapulver, zum Garnieren

1. Für die Steakfinger Mehl, Eier und Panko-Paniermehl in drei separate flache Schüsseln geben. Das Paniermehl mit Chiliflocken, Paprika, Salz und Pfeffer würzen. Jeden Fleischstreifen zunächst mit Mehl bestäuben, dann ins Ei tauchen und anschließend in der Panko-Mischung rollen und beiseitestellen.

2. In einem Topf oder einer Fritteuse genügend Öl auf 180–190 °C erhitzen – ein Brotwürfel sollte darin in 30 Sekunden braun werden.

3. In der Zwischenzeit alle Zutaten für den Gurkendip, mit Ausnahme des Paprikapulvers, in einer kleinen Schüssel vermengen. Bis zur Verwendung in den Kühlschrank stellen.

4. Nun die Steakstreifen portionsweise jeweils 8–10 Minuten im Öl frittieren, bis sie goldbraun sind, dann auf Küchenpapier abtropfen lassen. Den Gurkendip mit Paprikapulver garnieren und zu den Steakfingern servieren.

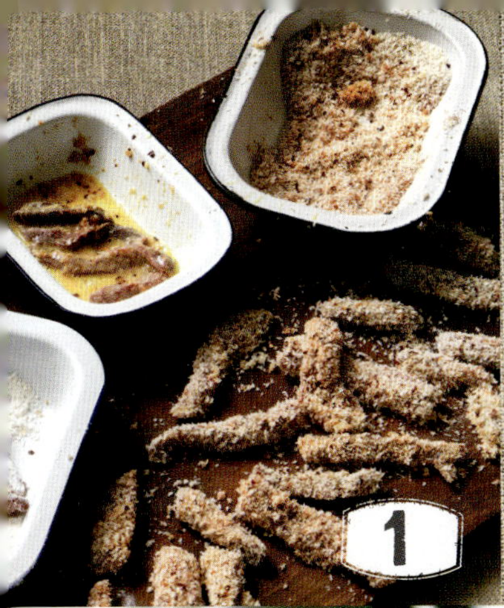
1

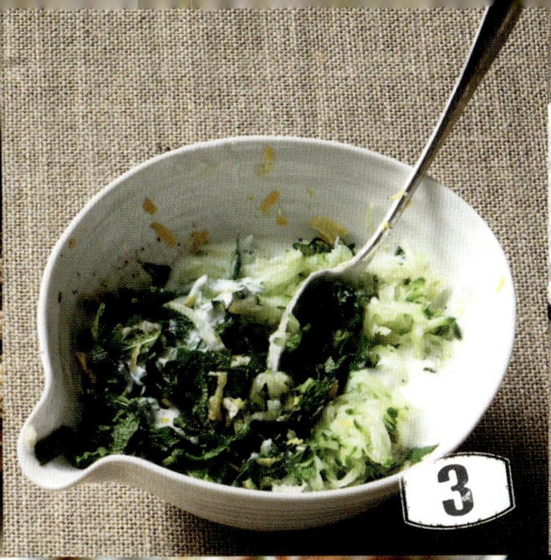
3

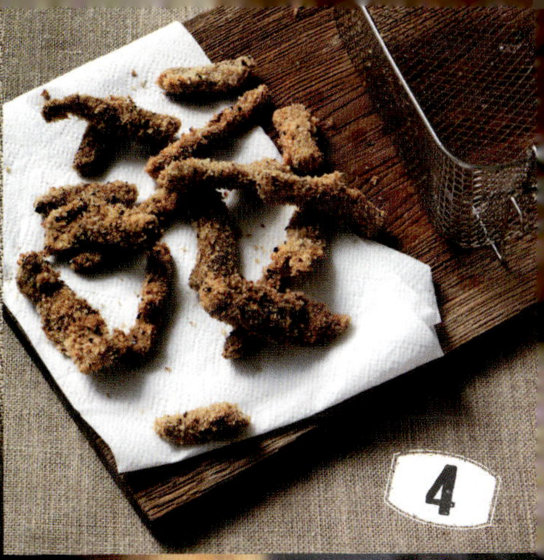
4

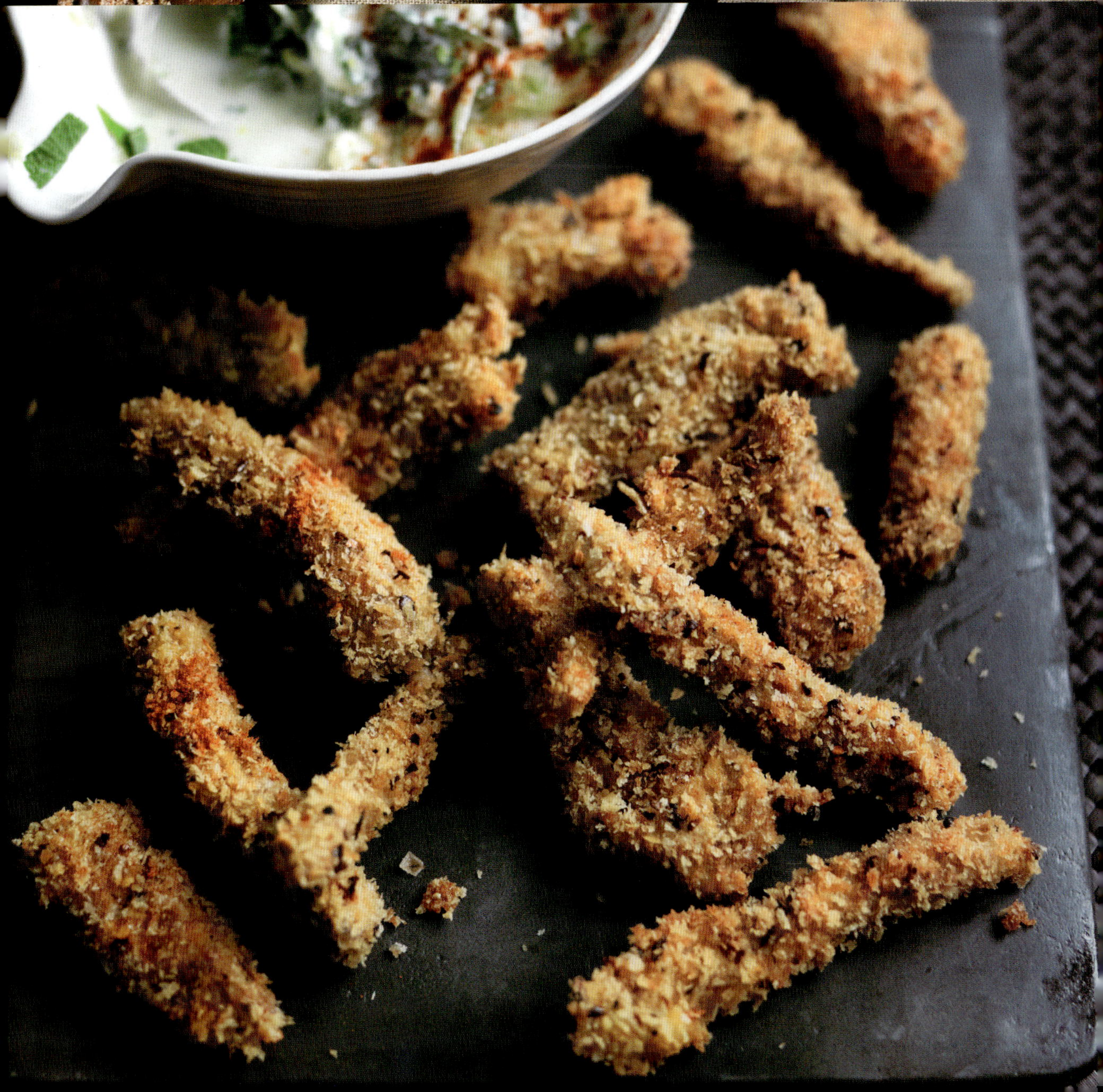

Rumpsteak
in Limetten-Tequila-Marinade

Zutaten

Für 2 | **Vorh.** 10 Min. | **Garen** 10 Min.

2 Rumpsteaks (à 225 g)

Marinade
1 EL Olivenöl
1½ EL Tequila
1½ EL frisch gepresster Orangensaft
½ EL frisch gepresster Limettensaft
2 Knoblauchzehen, zerdrückt
1 TL Chilipulver
1 TL Kreuzkümmel
½ TL getrockneter Oregano
Salz und Pfeffer

1. Alle Zutaten für die Marinade in eine flache, nicht metallene Schüssel geben, in der die Steaks nebeneinander Platz haben. Die Zutaten gut vermengen.

2. Die Steaks in die Marinade legen und mehrfach wenden, bis sie gut benetzt sind. Abdecken und mindestens 2 Stunden in den Kühlschrank stellen, wenn möglich, bis zu 12 Stunden. Zwischendurch einmal wenden.

3. Die Steaks 1 Stunde vor dem Zubereiten aus dem Kühlschrank nehmen, damit das Fleisch Zimmertemperatur annehmen kann. Die Marinade aufbewahren.

4. Eine Grillpfanne auf hoher Stufe erhitzen und die Steaks darin von jeder Seite 3–4 Minuten englisch oder nach Wunsch garen. Regelmäßig mit der Marinade bestreichen. Die Steaks vor dem Servieren 5 Minuten ruhen lassen.

Diese Marinade eignet sich auch als Beilagensauce. Bereiten Sie die doppelte Menge zu und mischen Sie gehackte rote Maiskörner, Paprika und Koriander unter die Sauce.

Sichuan-Steak
auf Nudeln und Salat

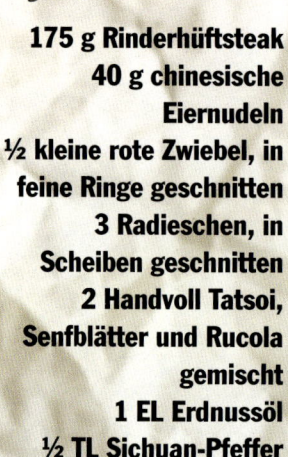

Für 2 · **Vorh.** 5 Min. · **Garen** 10 Min.

Zutaten

- 175 g Rinderhüftsteak
- 40 g chinesische Eiernudeln
- ½ kleine rote Zwiebel, in feine Ringe geschnitten
- 3 Radieschen, in Scheiben geschnitten
- 2 Handvoll Tatsoi, Senfblätter und Rucola gemischt
- 1 EL Erdnussöl
- ½ TL Sichuan-Pfeffer

Marinade
- 2 TL chinesischer Reiswein
- ¼ EL Sojasauce
- 2 TL Zucker
- 1 EL Hoisin-Sauce
- 1,5-cm-Stück Ingwerwurzel, gerieben

Sauce
- 1 TL Sichuan-Pfeffer
- 1 EL Sojasauce
- 1 EL Reisessig

1. Alle Zutaten für die Marinade in eine flache, nicht metallene Schüssel geben, in der die Steaks nebeneinander Platz haben. Die Zutaten gut vermengen.

2. Das Fett von den Steaks entfernen und diese in feine Streifen schneiden. In die Marinade legen und darin wenden. Abdecken und mindestens 30 Minuten in den Kühlschrank stellen. 30 Minuten vor der Weiterverarbeitung wieder aus dem Kühlschrank nehmen, damit das Fleisch Zimmertemperatur annehmen kann.

3. Wasser in einem Topf zum Kochen bringen und die Nudeln darin 3–4 Minuten oder nach Packungsangabe weich kochen. Abgießen und abkühlen lassen. Mit einer Küchenschere in kürzere Stücke schneiden und beiseitestellen.

4. Alle Zutaten für die Sauce in einer kleinen Schüssel verrühren. Nudeln, Zwiebel, Radieschen und Salatblätter in einer Schüssel vermengen. Zwei Drittel der Sauce über den Salat geben und vorsichtig untermengen, dann den Salat auf zwei Teller verteilen.

5. Einen Wok auf mittlerer bis hoher Stufe erhitzen, Erdnussöl und Sichuan-Pfeffer hineingeben. Einige Sekunden rühren. Die Steakstreifen mit der Marinade in den Wok geben und 4–5 Minuten braten, bis die Marinade karamellisiert. Die Fleischstreifen mit einem Schaumlöffel herausnehmen und auf dem Salat verteilen. Die restliche Sauce darübergeben und sofort servieren.

Sichuan-Pfeffer macht die Zunge etwas taub und erzeugt ein leichtes Kribbeln.

Gefülltes Steak

mit Ziegenkäse und Minz-Couscous

Für 2 | **Vorh.** 20 Min. | **Garen** 15 Min.

Zutaten

2 Rumpsteaks (à 280 g)
1 EL Olivenöl
Salz und Pfeffer

Ziegenkäsefüllung
1 Knoblauchzehe, zerdrückt
100 g weicher Ziegenkäse, gehackt
100 g Cocktailtomaten, gehackt
2 EL frisch gehackte glatte Petersilie
1 EL Olivenöl
½ TL Pfeffer
½ TL Salz

Minz-Couscous
100 g Couscous
1 EL natives Olivenöl extra
1 kleines Bund glatte Petersilie, gehackt
1 kleines Bund Minze, gehackt
Saft und Zesten von 1 Zitrone
1 Schalotte, fein gehackt
1 große Tomate, gehackt

1. Für die Ziegenkäsefüllung alle Zutaten in eine kleine, nicht metallene Schüssel geben und gut vermengen, dann beiseitestellen.

2. Die Steaks auf einem Schneidbrett mit dem Olivenöl einreiben und mit Salz und Pfeffer würzen. Mit einem scharfen Messer einen Schlitz in die magere Seite der Steaks schneiden, sodass eine Tasche entsteht (nicht durch das ganze Steak hindurchschneiden). Die Käsefüllung in die Taschen geben und beiseitestellen.

3. Für den Minz-Couscous den Couscous mit dem Olivenöl in eine hitzebeständige Schüssel geben und mit kochendem Wasser bedecken. Die Schüssel mit Frischhaltefolie abdecken und 2 Minuten stehen lassen. Dann die Folie abziehen und den Couscous mit einer Gabel sorgfältig lockern. Die restlichen Zutaten untermengen, mit Salz und Pfeffer würzen und beiseitestellen.

4. Eine Grillpfanne auf mittlerer Stufe erhitzen und die Steaks von jeder Seite 5 Minuten medium oder wie gewünscht garen. Nach dem Garen sollten die Steaks 5 Minuten ruhen, dann können Sie zusammen mit dem Couscous serviert werden.

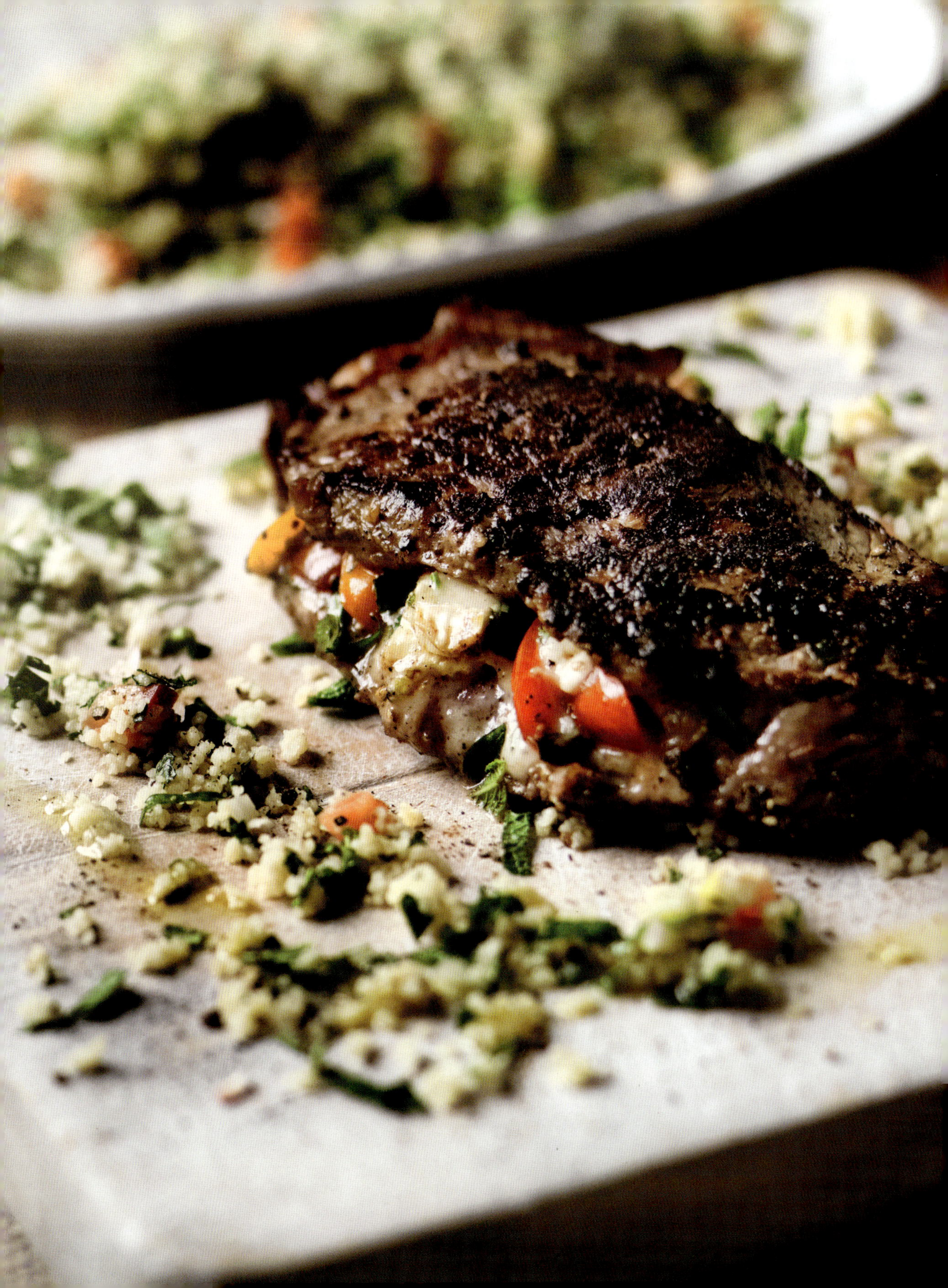

Sesamsteak

in Ingwer-Soja-Marinade

Für 2 | **Vorh. 15 Min.** | **Garen 25 Min.**

Zutaten

225 g Rinderhüftsteak
Erdnussöl, zum Frittieren
¼ TL geröstetes Sesamöl
½ TL Chiliöl
(nach Belieben)
1 TL Sesamsaat,
zum Garnieren

Marinade
1,5-cm-Stück
Ingwerwurzel, in feine
Scheiben geschnitten
1 Frühlingszwiebel, in
2–3 Stücke geschnitten
1 TL Reiswein
1 TL geröstetes Sesamöl

Brühe
125 ml Rinderbrühe
½ TL Sojasauce
½ TL Reiswein oder
trockener Sherry
1 Prise Salz
1 TL Zucker
½ TL zerdrückte
Fenchelsamen
1,5-cm-Stück Zimtstange

1. Das Steak in dünne Streifen schneiden und flach klopfen.

2. Alle Zutaten für die Marinade in einer nicht metallenen Schüssel vermengen. Die Steakstreifen in die Marinade legen und darin wenden. Abdecken und 30 Minuten in den Kühlschrank stellen. 1 Stunde vor der Zubereitung aus dem Kühlschrank nehmen, damit das Fleisch Zimmertemperatur annehmen kann. Ingwer und Frühlingszwiebel aus der Marinade entfernen und wegwerfen.

3. In einem Wok genügend Öl zum Frittieren auf 180–190 °C erhitzen – ein Brotwürfel sollte in 30 Sekunden darin braun werden. Die Steakstreifen 1 Minute frittieren, dabei gelegentlich wenden. Herausheben und auf Küchenpapier abtropfen lassen.

4. Das Öl erneut auf 180 °C erhitzen. Die Fleischstreifen wieder in den Wok geben und erneut 2–3 Minuten frittieren, bis die Streifen knusprig und dunkelbraun sind. Herausheben und abtropfen lassen.

5. Die Rinderbrühe in einem Topf zum Kochen bringen. Die restlichen Zutaten für die Brühe hineingeben und 1 Minute kochen, dann die Steakstreifen hinzufügen. Bei kleiner Temperatur etwa 15–20 Minuten köcheln, dabei von Zeit zu Zeit umrühren, bis der Sud fast verdunstet ist und das Fleisch klebrig überzieht. Die Zimtstange entfernen.

6. Das Sesamöl einrühren und, falls gewünscht, auch das Chiliöl. Mit der Sesamsaat bestreuen und warm servieren.

Die Steakstreifen können Sie auch als Häppchen zum Aperitif reichen.

Tri-Tip-Steak

in asiatischer Marinade

Zutaten

Für 2 | Vorb. 10 Min. | Garen 10 Min.

2 Tri-Tip-Steaks (vom Bürgermeisterstück) oder Rinderhüftsteaks (à 280 g)

Marinade
1 EL Olivenöl
1 EL Sesamöl
1 TL Zucker
1 EL chinesischer schwarzer Reisessig
2-cm-Stück Ingwerwurzel, geschält und fein gehackt
1 Knoblauchzehe, zerdrückt
1 EL geröstete Sesamsaat
1 EL Sojasauce
1 TL Pfeffer

1. Alle Zutaten für die Marinade in eine flache, nicht metallene Schüssel geben, in der die Steaks nebeneinander Platz haben. Die Zutaten gut vermengen.

2. Die Steaks in die Marinade legen und mehrfach wenden, damit sie gut benetzt sind. Abdecken und mindestens 4 Stunden in den Kühlschrank stellen, wenn möglich, bis zu 12 Stunden. Zwischendurch einmal wenden. 1 Stunde vor der Zubereitung die Steaks aus dem Kühlschrank nehmen, damit sie Zimmertemperatur annehmen können. Die Marinade wegschütten.

3. Eine Grillpfanne auf hoher Stufe erhitzen und die Steaks darin von jeder Seite 5 Minuten englisch oder nach Wunsch garen. Vor dem Servieren 5 Minuten ruhen lassen.

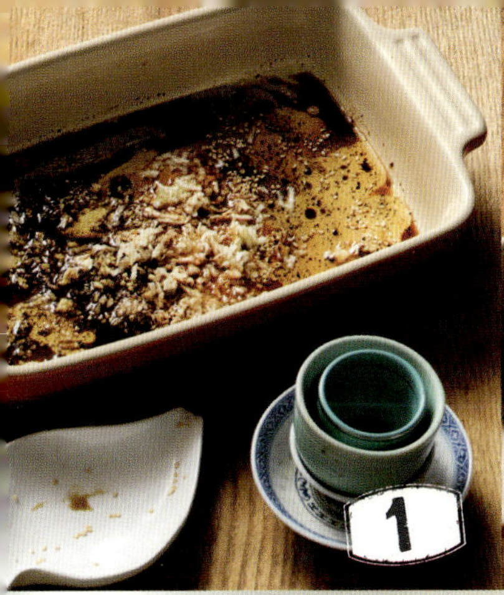
1
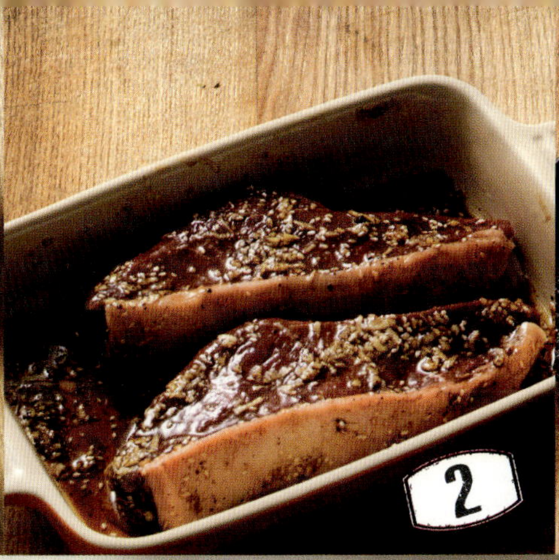
2
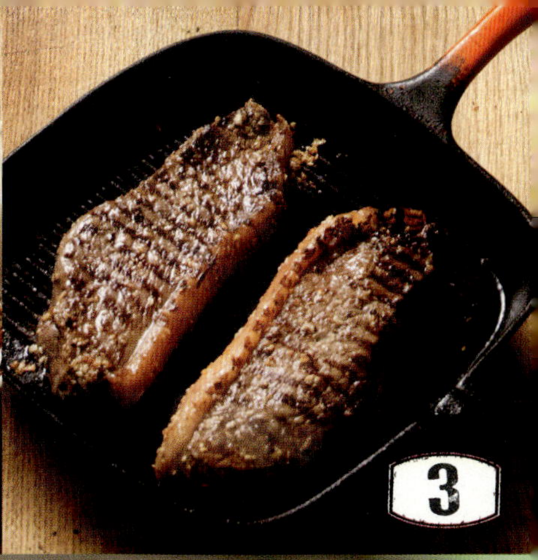
3
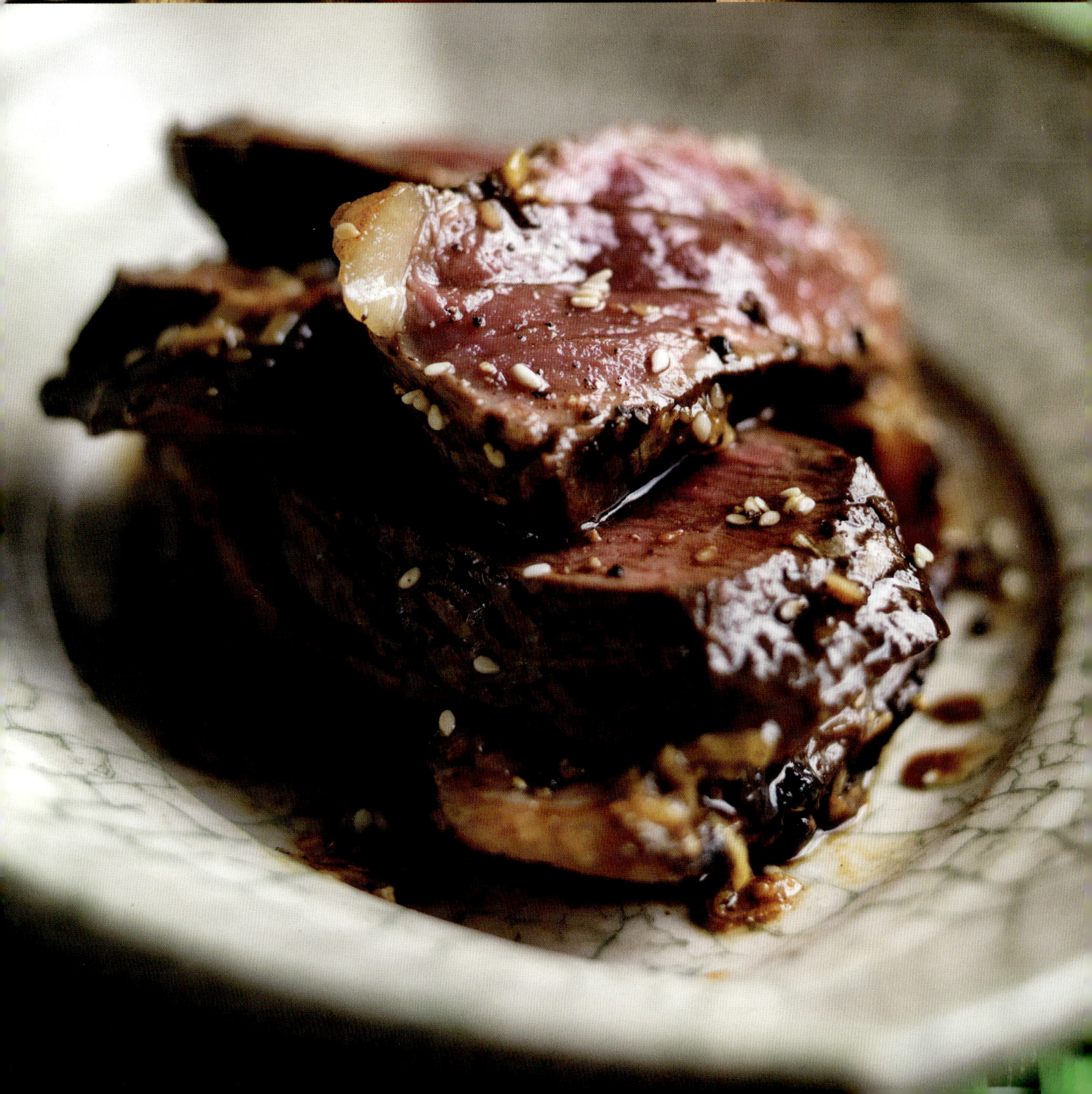

Schulterscherzel

in Rosmarin-Rotwein-Sauce

Für 2 | **Vorh.** 10 Min. | **Garen** 10 Min.

Zutaten

2 Schulterscherzelsteaks
(à 280 g)
(gut marmoriertes
Schultersteak)
1 EL Olivenöl
1 EL Butter

Marinade
2 EL natives Olivenöl extra
200 ml qualitativ hochwertiger Rotwein
1 kleines Bund Thymian, Blätter abgezupft
1 kleines Bund Rosmarin, Blätter abgezupft
2 Knoblauchzehen, zerdrückt
1 TL Salz
1 TL Pfeffer

1. Alle Zutaten für die Marinade in eine flache, nicht metallene Schüssel geben, in der beide Steaks nebeneinander Platz haben. Die Zutaten gut vermengen.

2. Die Steaks in die Marinade legen und darin wenden, bis sie gut benetzt sind. Abdecken und 4–12 Stunden in den Kühlschrank stellen. Zwischendurch einmal wenden.

3. Die Steaks 1 Stunde vor der Zubereitung aus dem Kühlschrank nehmen, damit sie Zimmertemperatur annehmen können. Die Marinade aufbewahren.

4. Eine Pfanne auf mittlerer Stufe erhitzen und Öl und Butter hineingeben. Die Steaks von jeder Seite 5 Minuten darin englisch oder nach Wunsch garen. Vor dem Servieren 5 Minuten zum Ruhen beiseitestellen.

5. In der Zwischenzeit die restliche Marinade in die Pfanne gießen und kochen, bis sie auf die Hälfte reduziert ist. Die Steaks mit der Weinsauce übergießen und servieren.

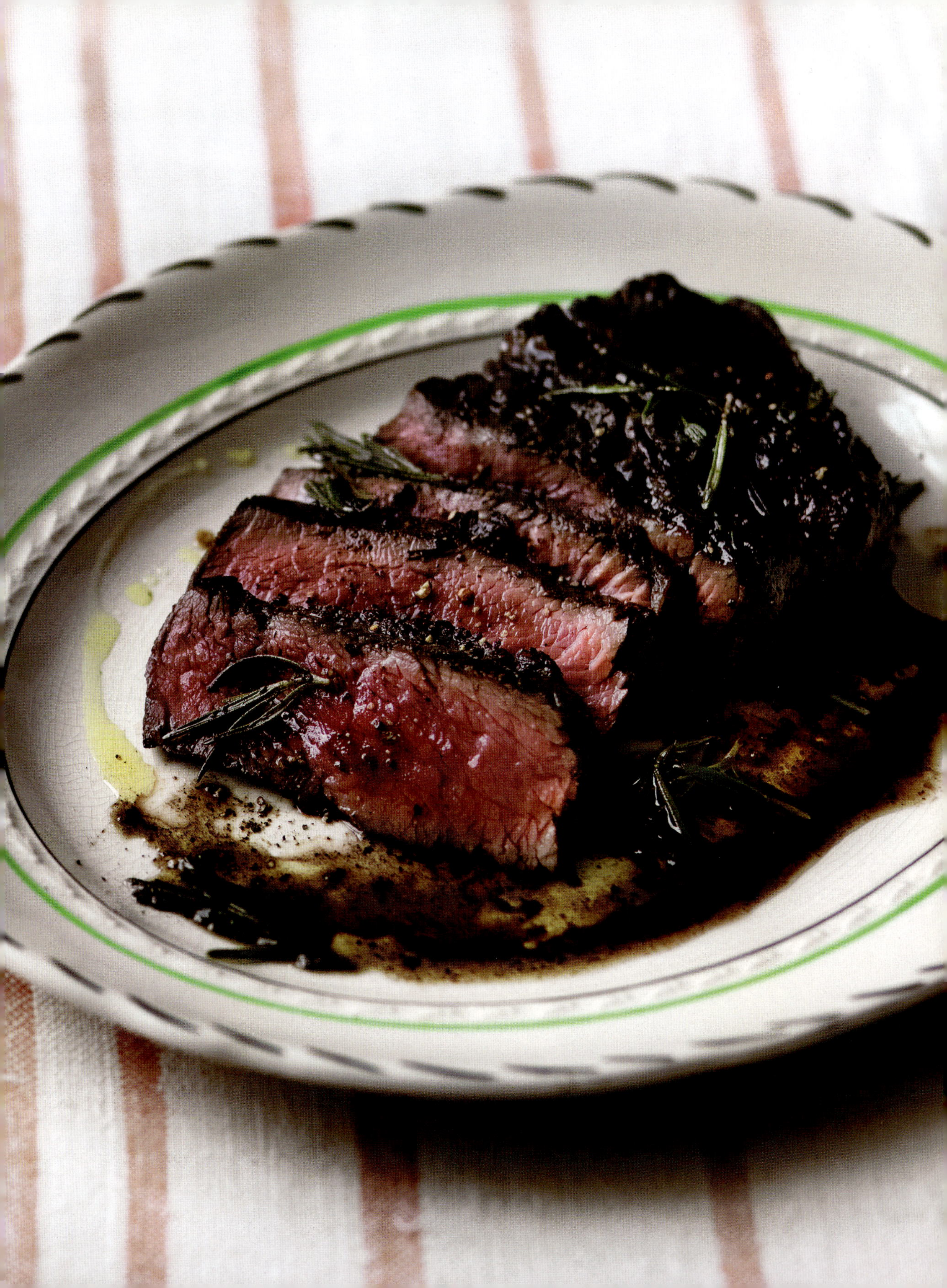

KARTOFFELPUFFER EINHUNDERT
KÄSEMAKKARONI
104 Rahmspinat
106 HAUSGEMACHTER SENF 107 MAYONNAISE
OOOO ZWIEBELRINGE
POMMES FRITES DREIFACH GEGART
POMMES FRITES DREIFACH GEGART 110
POMMES FRITES DREIFACH GEGART
MAISKOLBEN MIT BLAUSCHIMMELKÄSE-DIP
TOMATENKETCHUP 114 BARBECUESAUCE 115
116 Gefüllte Ofenkartoffeln
ÜBERBACKENER BLUMENKOHL
122 Krautsalat   NEUE KARTOFFELN IN KNOBLAUCH-CHILI-BUTTER

KAPITEL VIER
SAUCEN & BEILAGEN

Kartoffelpuffer

Für 4 | **Vorb.** 10 Min. | **Garen** 40 Min.

Zutaten

- 1 kg Kartoffeln
- 2 EL Olivenöl
- 1 große Zwiebel, in Ringe geschnitten
- 1 Ei, verquirlt
- 150 g Instantkartoffelpulver
- Salz und Pfeffer
- Pflanzenöl, zum Frittieren

1. Die Kartoffeln waschen und ungeschält in einen Topf legen. Mit lauwarmem, leicht gesalzenem Wasser bedecken und zum Kochen bringen. Sobald das Wasser kocht, vom Herd nehmen und, ohne abzugießen, abkühlen lassen.

2. In einer Pfanne das Olivenöl auf kleiner Stufe erhitzen. Die Zwiebelringe darin 5–7 Minuten dünsten, bis sie glasig, aber nicht braun sind. Herausnehmen und abkühlen lassen.

3. Sobald die Zwiebelringe abgekühlt sind, die Kartoffeln grob in eine große Schüssel reiben. Gedünstete Zwiebelringe, Ei und Kartoffelpulver zufügen und gut vermengen; mit Salz und Pfeffer würzen.

4. In einem Topf oder einer Fritteuse genügend Öl zum Frittieren auf 180–190 °C erhitzen; ein Brotwürfel sollte in 30 Sekunden darin braun werden.

5. In der Zwischenzeit die Kartoffelmischung zu walnussgroßen Bällchen formen und flach drücken. Portionsweise im vorgeheizten Öl frittieren, bis sie goldbraun sind. Herausnehmen und auf Küchenpapier abtropfen lassen. Dann sofort servieren.

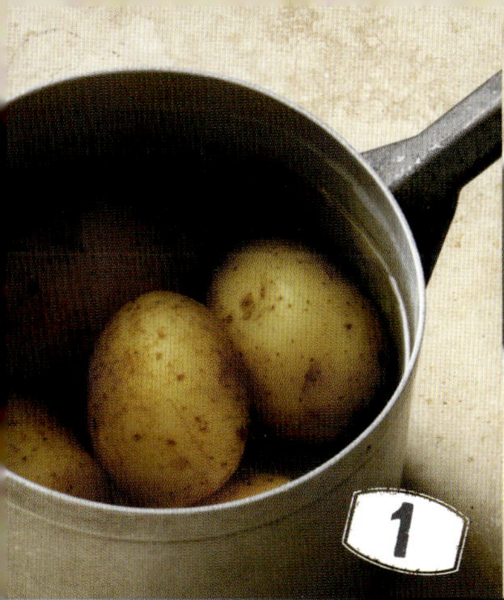
1
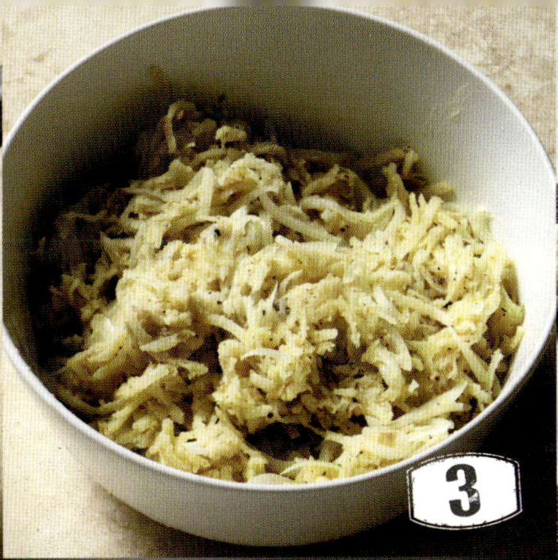
3
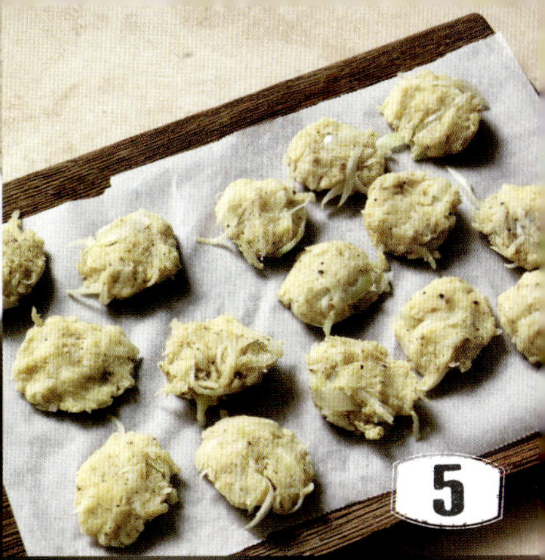
5
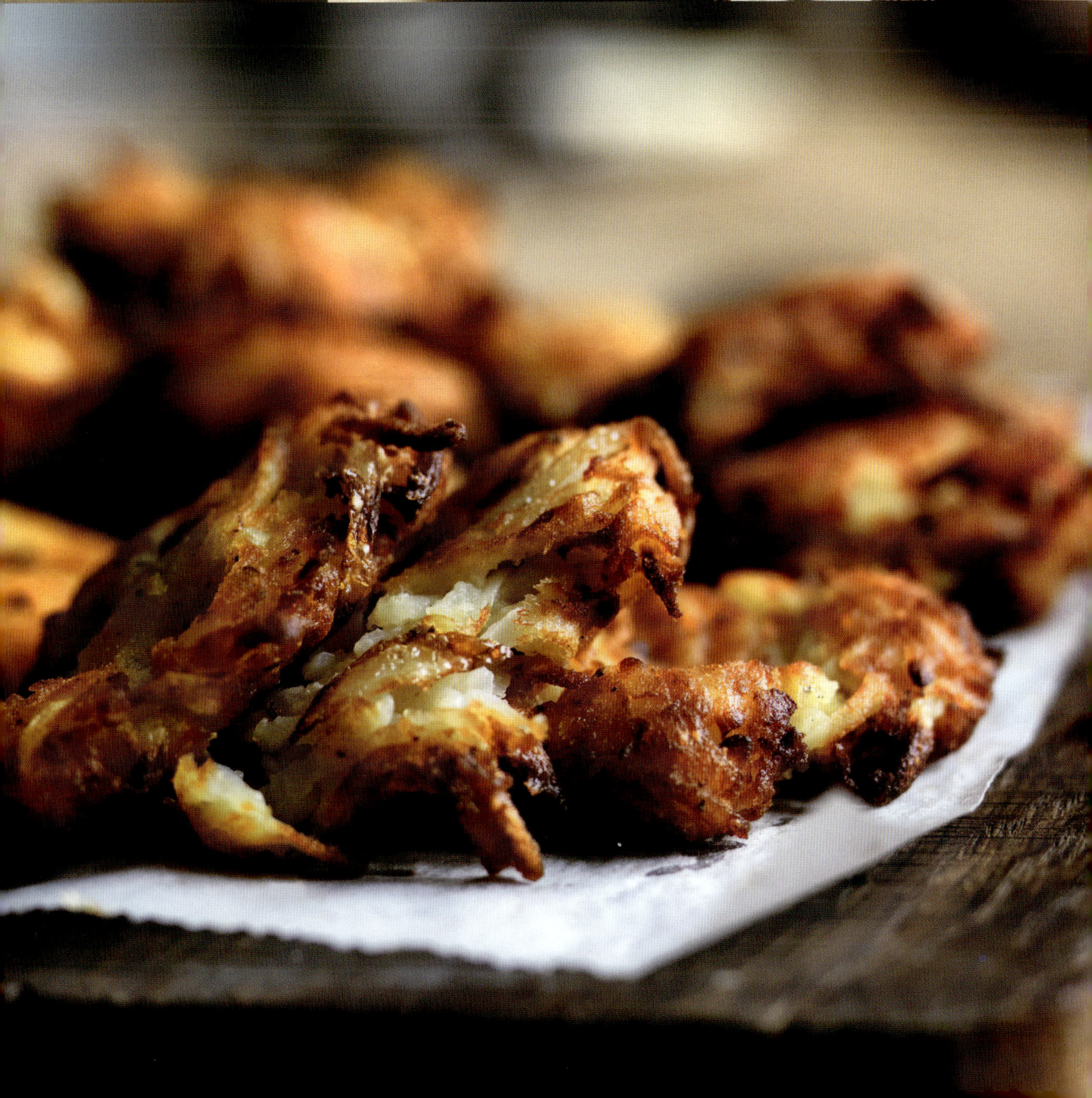

Käsemakkaroni

Zutaten | **Für 4** | **Vorh. 10 Min.** | **Garen 30 Min.**

250 g Makkaroni
600 ml Milch
½ TL frisch geriebene Muskatnuss
50 g Butter
50 g Mehl
200 g mittelalter Gouda, gerieben
50 g frisch geriebener Parmesan
Salz und Pfeffer

1. Leicht gesalzenes Wasser in einem Topf zum Kochen bringen. Die Makkaroni hineingeben und 8–10 Minuten kochen, bis sie al dente sind. Vom Herd nehmen, abgießen und beiseitestellen.

2. Milch und Muskatnuss in einem Topf bei niedriger Temperatur erwärmen, aber nicht zum Kochen bringen.

3. Die Butter in einem Topf bei niedriger Temperatur zerlassen, dann das Mehl zufügen und unter Rühren 2 Minuten anschwitzen. Nach und nach die heiße Milch zufügen und mit dem Schneebesen unter die Mehlschwitze rühren. Anschließend weitere 10–15 Minuten kochen, damit sich eine leicht angedickte Sauce ergibt.

4. Drei Viertel des Goudas und den ganzen Parmesankäse zufügen und rühren, bis der Käse geschmolzen ist. Mit Salz und Pfeffer würzen und vom Herd nehmen.

5. Den Backofengrill auf höchster Stufe vorheizen. Die Makkaroni in eine flache Auflaufform geben und die Sauce darübergießen. Den restlichen Gouda darüber verteilen und die Auflaufform unter den vorgeheizten Grill schieben, bis der Käse zu bräunen beginnt.

Wenn Sie 25 g frische Semmelbrösel unter den Käse, der auf die Makkaroni gestreut wird, mischen, wird die Kruste schön knusprig.

Rahmspinat

Zutaten | **Für** 4 | **Vorb.** 5 Min. | **Garen** 5 Min.

1 EL Butter
900 g junger Spinat
4 EL Sahne
½ TL frisch geriebene Muskatnuss
Salz und Pfeffer

1. Die Butter in einer Pfanne zerlassen, den Spinat zufügen und rühren, bis die Blätter einfallen.

2. Den Spinat weiter auf mittlerer Stufe unter gelegentlichem Rühren garen, bis die meiste Flüssigkeit verdampft ist.

3. Sahne und Muskatnuss unterrühren, mit Salz und Pfeffer würzen und sofort servieren.

Ersetzen Sie die Sahne durch Joghurt mit 10 % Fettgehalt um eine leichtere Variante dieses Klassikers zu kochen.

Hausgemachter Senf

Ergibt 175 ml
Vorb. 15 Min.

Zutaten

- 3 EL braune Senfkörner
- 3 EL Apfelessig
- 1–2 EL Wasser
- 3 EL Senfpulver
- 2 TL Salz
- 2 TL Honig

1. Die Senfkörner mit dem Essig in einen kleinen, nicht metallenen Behälter geben und mit Wasser bedecken. 2 Tage zugedeckt bei Zimmertemperatur ruhen lassen.

2. Die Senfkörner abseihen und die Flüssigkeit auffangen. Die Senfkörner in einem Mörser zu einer groben Paste zerdrücken – je feiner die Paste wird, umso schärfer wird der Senf sein.

3. Die zerdrückten Senfkörner in eine kleine Schüssel geben, Senfpulver, Salz und Honig zufügen. Das aufgefangene Essigwasser zugießen und gut verrühren.

4. In ein sterilisiertes Glas füllen, luftdicht verschließen und mindestens 2 Tage in den Kühlschrank stellen, bevor der Senf verzehrt wird. Nachdem er geöffnet wurde, sollte er immer im Kühlschrank aufbewahrt und innerhalb von 2 Wochen aufgebraucht werden.

Mayonnaise

Zutaten

Ergibt 300 ml

Vorh. 15 Min.

2 große Eigelb
2 TL Dijon-Senf
¾ TL Salz, oder nach Geschmack
weißer Pfeffer
2–3 EL Zitronensaft
300 ml Sonnenblumenöl

1. Das Eigelb mit Dijon-Senf, Salz und Pfeffer in der Küchenmaschine oder mit dem elektrischen Handrührgerät verquirlen. Dann 2 Esslöffel Zitronensaft zufügen und erneut verquirlen.

2. Während die Maschine läuft, tropfenweise das Öl zufügen. Wenn die Mischung beginnt anzudicken, kann das Öl in einem feinen und beständigen Strahl zugegossen werden. Falls die Mayonnaise zu dick wird, einen weiteren Esslöffel Zitronensaft zugefügen.

3. In ein sterilisiertes Glas füllen, luftdicht verschließen und in den Kühlschrank stellen. Die Mayonnaise sollte baldmöglichst verzehrt werden. Einmal angebrochen, sollte sie im Kühlschrank aufbewahrt und innerhalb von 3 Tagen verbraucht werden.

Zwiebelringe

Zutaten | **Für 4** | **Vorh. 15 Min.** | **Garen 15 Min.**

120 g Mehl
1 Prise Salz
1 Ei
150 ml fettarme Milch
4 große Zwiebeln
Pflanzenöl, zum Frittieren
Salz und Pfeffer

1. Für den Teig Mehl und Salz in eine Schüssel sieben und eine Mulde in die Mitte drücken. Das Ei in die Vertiefung geben und mit dem Schneebesen in etwas Mehl einarbeiten. Nach und nach die Milch unterrühren, dabei das Mehl vom Rand der Schüssel in die flüssigen Zutaten in der Mitte einarbeiten, um einen glatten Teig zu erhalten.

2. Die Zwiebeln schälen, horizontal in 5 mm dicke Scheiben schneiden und anschließend aus den Scheiben einzelne Ringe drücken.

3. In einer Fritteuse oder einem Topf eine ausreichende Menge Öl auf 180–190 °C erhitzen; ein Brotwürfel sollte darin innerhalb von 30 Sekunden braun werden.

4. Mit einer Gabel mehrere Zwiebelringe auf einmal aufnehmen und in den Teig tauchen. Überflüssigen Teig abtropfen lassen und dann die Zwiebelringe in das heiße Öl legen. 1–2 Minuten frittieren, bis sie an die Oberfläche des Öls schwimmen und knusprig und goldbraun sind. Aus dem Öl heben, auf Küchenpapier abtropfen lassen und warm stellen, während die restlichen Zwiebelringe frittiert werden.

5. Die Zwiebelringe salzen und pfeffern und sofort servieren.

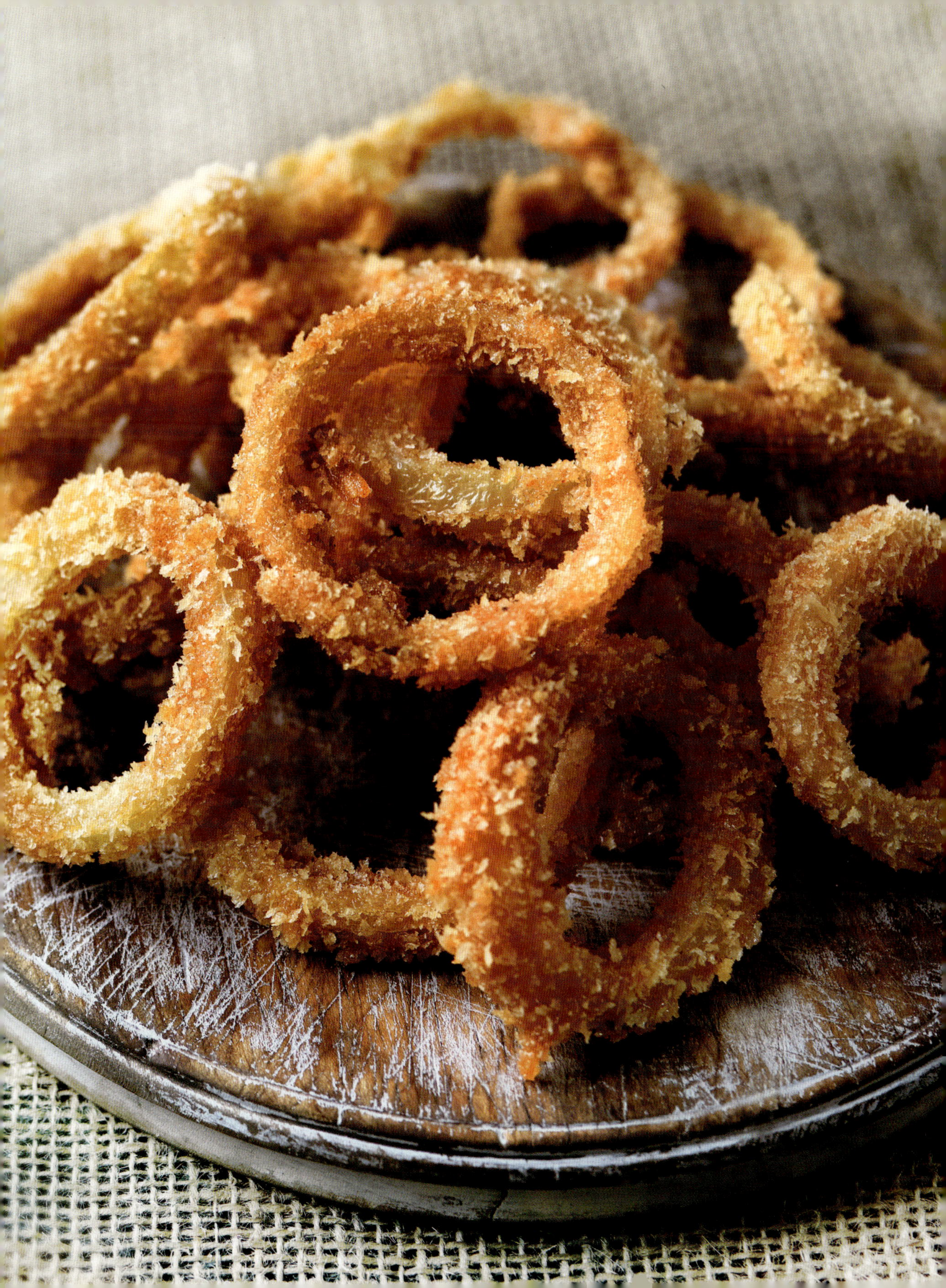

Pommes frites dreifach gegart

Zutaten | **Für** 4 | **Vorh.** 10 Min. | **Garen** 15 Min.

900 g Kartoffeln
1 l Pflanzenöl
Meersalz

1. Die Kartoffeln in 5 mm x 5 mm dicke Stifte schneiden. Die Kartoffelstifte 5 Minuten in eine Schüssel mit kaltem Wasser legen, dann abgießen und abspülen.

2. Leicht gesalzenes Wasser in einem Topf zum Kochen bringen. Die Kartoffelstifte hineingeben, aufkochen und danach weitere 3–4 Minuten kochen, bis die Kartoffeln beginnen, weich zu werden. Abgießen und auf einem mit Küchenpapier ausgelegten Backblech abtropfen lassen. Mindestens 1 Stunde in den Kühlschrank stellen, wenn möglich, bis zu 12 Stunden.

3. In einem großen Topf oder einer Fritteuse das Öl auf 180–190 °C erhitzen. Falls ein Topf verwendet wird, kann ein Frittierthermometer angebracht werden. Ein Brotwürfel sollte in 30 Sekunden in dem Öl braun werden. Die Kartoffelstifte vorsichtig portionsweise in das Öl legen und 3–4 Minuten frittieren, bis sie beginnen, braun zu werden. Dann aus dem Öl heben und auf einem Teller mit Küchenpapier abtropfen lassen.

4. Das Öl wieder auf 180–190 °C erhitzen und die Kartoffeln erneut 3–5 Minuten frittieren, bis sie goldbraun und knusprig sind. Herausheben und auf einem Teller mit Küchenpapier abtropfen lassen. Großzügig mit Salz würzen und sofort servieren.

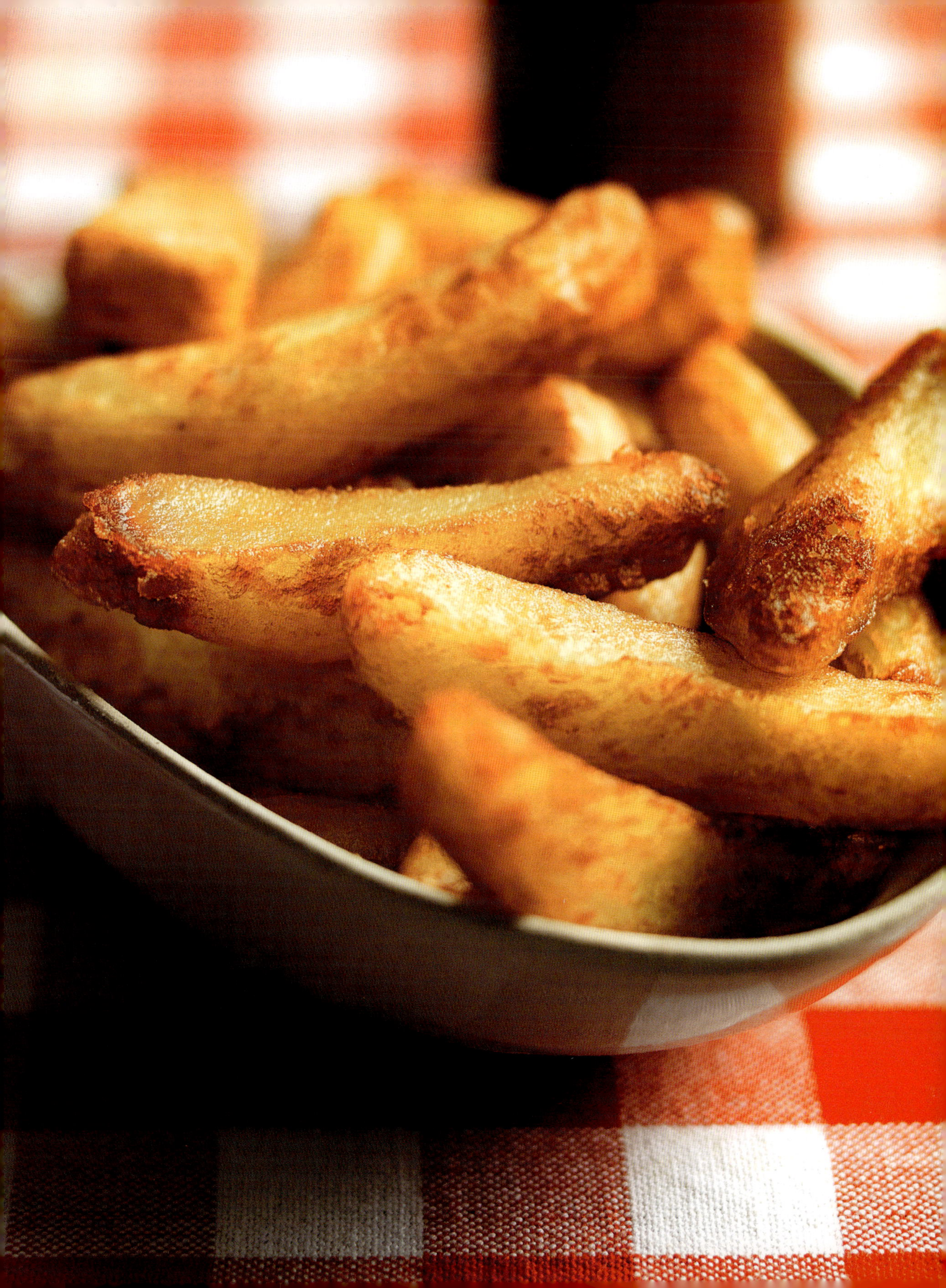

Maiskolben

mit Blauschimmelkäse-Dip

Für 6 | **Vorh.** 15 Min. | **Garen** 20 Min.

Zutaten

- 140 g Blauschimmelkäse
- 140 g Frischkäse
- 125 g griechischer Naturjoghurt
- Salz und Pfeffer
- 6 Maiskolben mit Hüllblättern

1. Den Blauschimmelkäse zerbröseln und in eine Schüssel geben. Mit einem Holzlöffel rühren, bis er cremig wird. Den Frischkäse unterrühren, bis eine glatte Mischung entsteht. Nach und nach den Joghurt unterrühren und mit Salz und Pfeffer würzen. Mit Frischhaltefolie abdecken und bis zur Verwendung in den Kühlschrank stellen. In der Zwischenzeit den Backofen auf 220 °C vorheizen.

2. Die Blätter von den Maiskolben zurückbiegen und den „Maisbart" entfernen. Dann die Blätter wieder um die Maiskolben legen. Sechs rechteckige Stücke Alufolie zurechtschneiden und die Maiskolben einzeln darin einwickeln.

3. Die Maiskolben in den vorgeheizten Ofen schieben und 20 Minuten garen. Dann auswickeln und die Alufolie wegwerfen. Die Blätter jeweils auf einer Seite der Maiskolben zurückbiegen und mit einem scharfen Messer abtrennen. Die Maiskolben mit dem Blauschimmelkäse-Dip servieren.

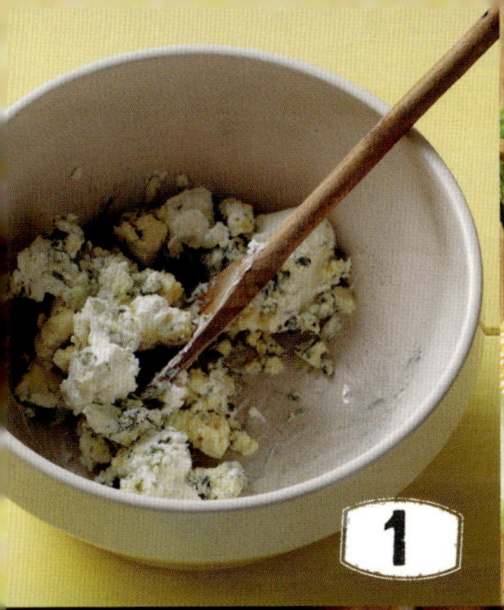
1

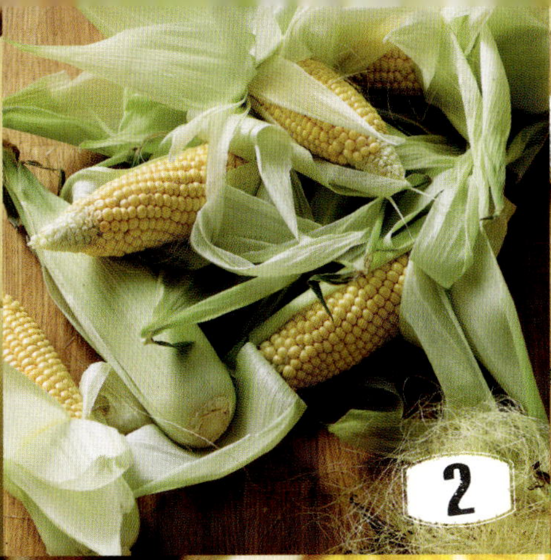
2

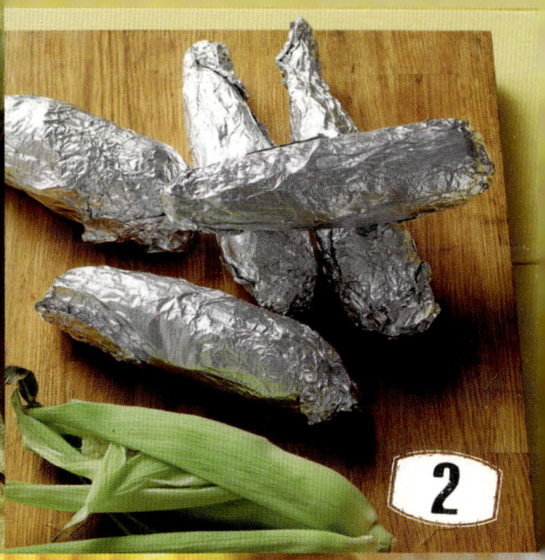
2

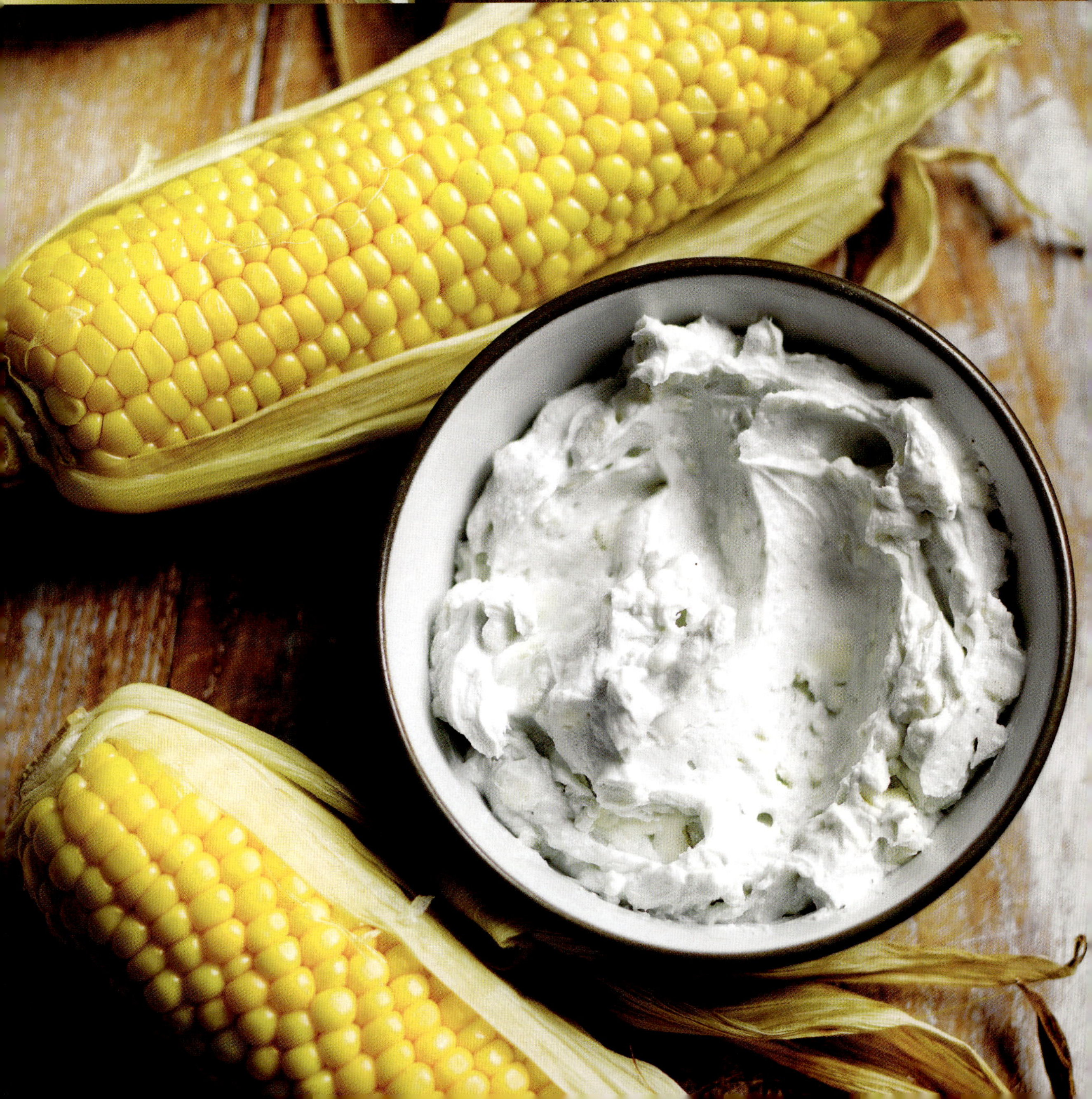

Tomatenketchup

Ergibt 250 ml | **Vorb.** 10 Min. | **Garen** 20 Min.

Zutaten

- 2 EL Olivenöl
- 1 rote Zwiebel, gehackt
- 2 Knoblauchzehen, gehackt
- 250 g Eiertomaten, gehackt
- 250 g gehackte Tomaten aus der Dose
- ½ TL Ingwerpulver
- ½ TL Chilipulver
- Salz und Pfeffer
- 40 g Muskovado-Zucker
- 100 ml Rotweinessig

1. Das Olivenöl in einem Topf erhitzen und Zwiebel, Knoblauch und alle Tomaten hineingeben. Ingwer und Chili zufügen und mit Salz und Pfeffer würzen. 15 Minuten kochen, bis alles weich ist.

2. Anschließend die Mischung in die Küchenmaschine geben oder mit einem Stabmixer pürieren und danach durch ein Sieb passieren. Die Mischung in den Topf füllen und Zucker und Essig zugeben. Aufkochen und anschließend köcheln, bis die Konsistenz von gekauftem Ketchup erreicht ist.

3. In sterilisierte Gläser füllen und vollkommen auskühlen lassen, dann luftdicht verschließen. Kühl und dunkel aufbewahren. Angebrochene Gläser im Kühlschrank aufbewahren.

Barbecuesauce

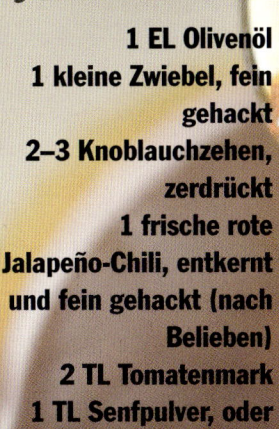

Ergibt 255 ml
Vorb. 15 Min.
Garen 20 Min.

Zutaten

- 1 EL Olivenöl
- 1 kleine Zwiebel, fein gehackt
- 2–3 Knoblauchzehen, zerdrückt
- 1 frische rote Jalapeño-Chili, entkernt und fein gehackt (nach Belieben)
- 2 TL Tomatenmark
- 1 TL Senfpulver, oder nach Geschmack
- 1 EL Rotweinessig
- 1 EL Worcestersauce
- 2–3 TL Muskovado-Zucker
- 300 ml Wasser

1. Das Öl in einem kleinen Topf erhitzen und Zwiebel, Knoblauch und Chili hineingeben. Bei niedriger Temperatur 3 Minuten dünsten und regelmäßig umrühren, bis die Zutaten weich werden. Vom Herd nehmen.

2. Das Tomatenmark mit Senf, Essig und Worcestersauce zu einer Paste verrühren und anschließend mit 2 Teelöffeln Zucker unter die Zwiebelmischung mengen. Gut mixen und nach und nach das Wasser einarbeiten.

3. Wieder auf den Herd stellen und aufkochen, dabei regelmäßig umrühren. Die Hitzezufuhr verringern und 15 Minuten köcheln, dabei gelegentlich umrühren. Abschmecken und, falls gewünscht, den restlichen Zucker zufügen. Heiß oder kalt servieren.

Gefüllte Ofenkartoffeln

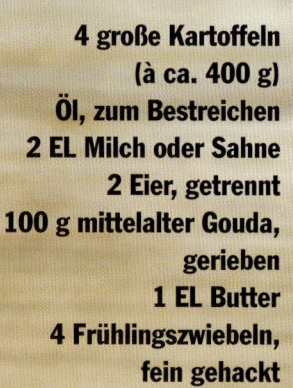

Zutaten | **Für** 4 | **Vorh.** 10 Min. | **Garen** 1½ Std.

4 große Kartoffeln (à ca. 400 g)
Öl, zum Bestreichen
2 EL Milch oder Sahne
2 Eier, getrennt
100 g mittelalter Gouda, gerieben
1 EL Butter
4 Frühlingszwiebeln, fein gehackt
Salz und Pfeffer

1. Den Backofen auf 200 °C vorheizen. Die Kartoffeln auf ein Backblech legen, mit Öl bestreichen und mit Salz einreiben. Im vorgeheizten Ofen 1–1¼ Stunden backen, bis sie weich sind.

2. Von der länglichen Seite der Kartoffeln oben eine Scheibe abschneiden und die Kartoffeln aushöhlen, dabei etwa 5 mm dicke Wände stehen lassen. Das Kartoffelinnere in eine Schüssel geben. Milch, Eigelb und die Hälfte des Käses zugeben und vermengen.

3. Die Butter in einem kleinen Topf zerlassen, die Frühlingszwiebeln hineingeben und 1–2 Minuten garen, bis sie weich werden. Dann unter die Kartoffelmischung heben und mit Salz und Pfeffer würzen.

4. Das Eiweiß in einer Schüssel steif schlagen und unter die Kartoffelmischung rühren. Nun die Kartoffelmischung zurück in die ausgehöhlten Kartoffeln füllen.

5. Die gefüllten Kartoffeln auf ein Backblech setzen und mit dem restlichen Käse bestreuen. 15–20 Minuten im Ofen backen, bis sie goldbraun sind. Sofort servieren.

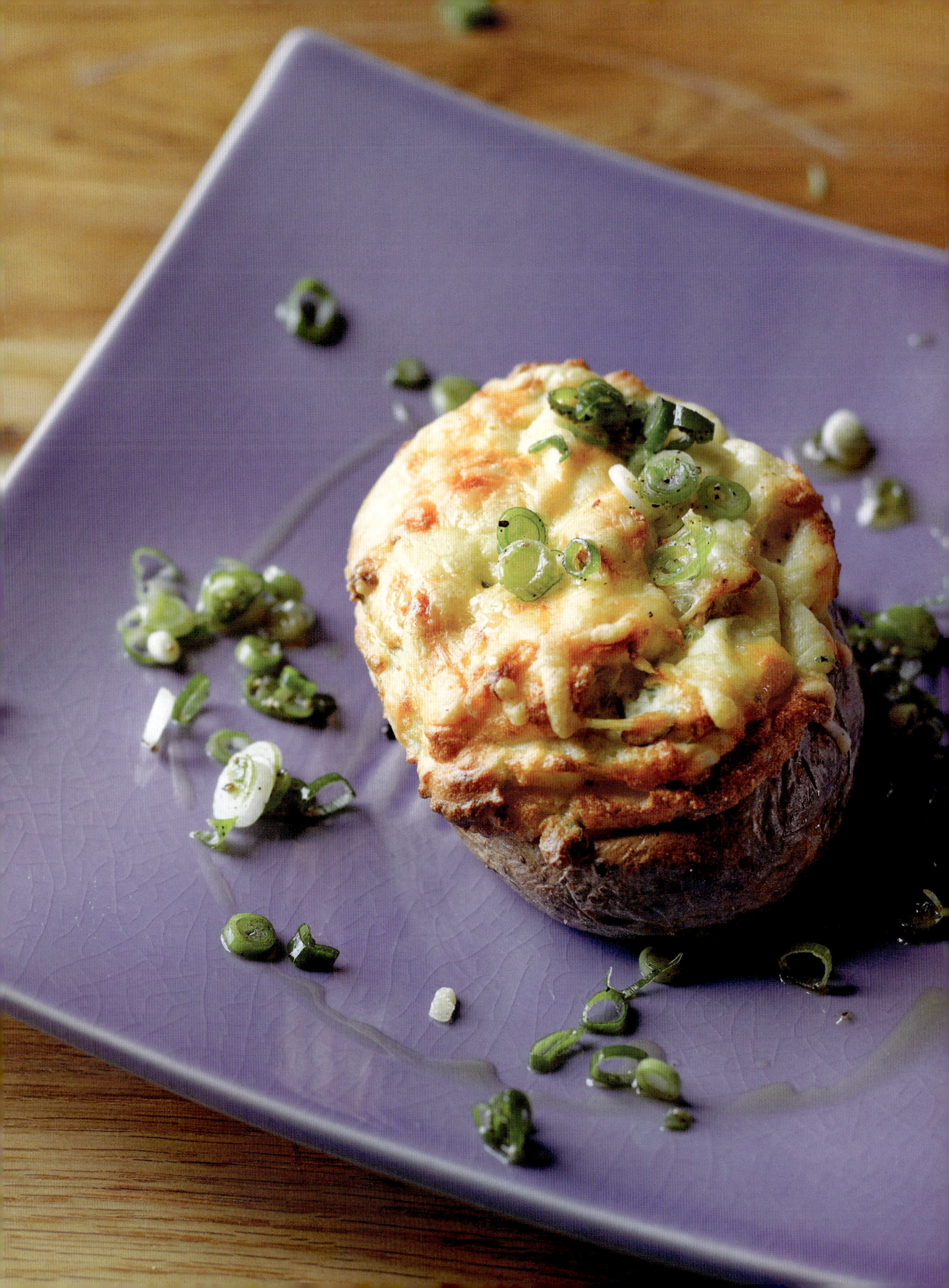

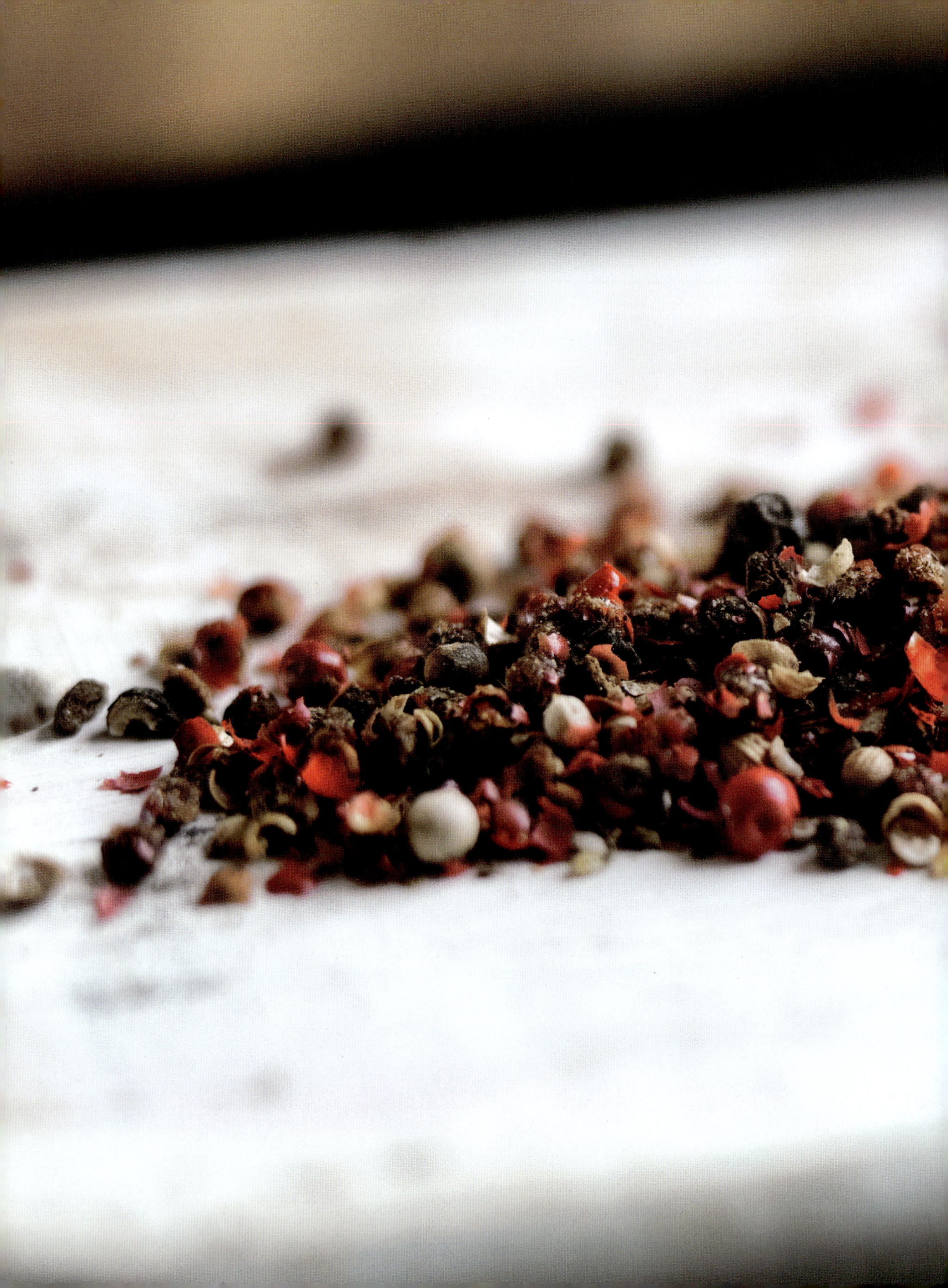

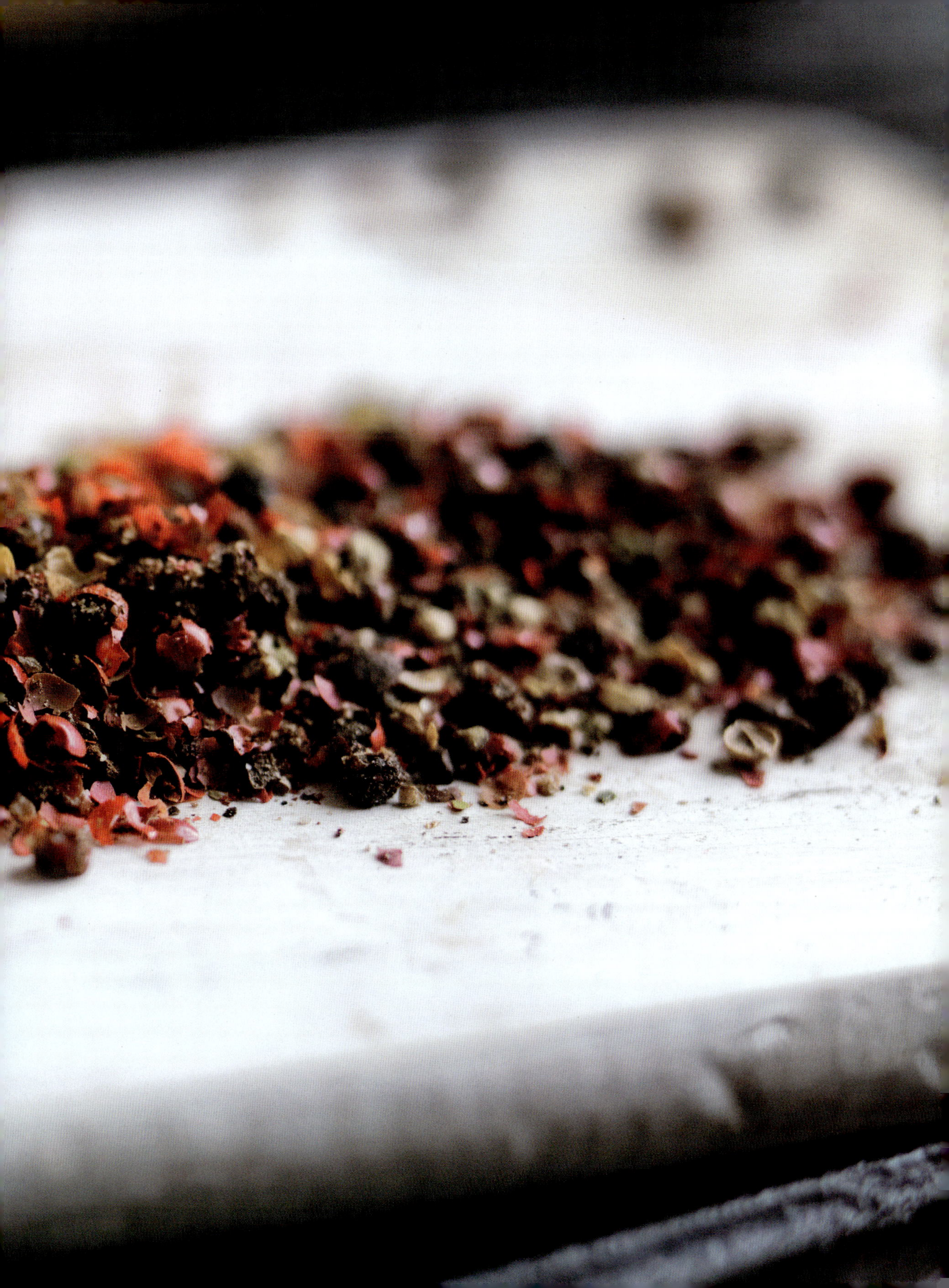

Überbackener Blumenkohl

Für 4–6 · **Vorh. 10 Min.** · **Garen 30 Min.**

Zutaten

- 600 g Blumenkohlröschen
- Salz
- 150 ml trockener Weißwein
- 1 Lorbeerblatt
- 450 ml Milch
- 25 g Butter
- 25 g Mehl
- 70 g alter Gouda, gerieben
- 40 g frisch geriebener Parmesan
- 1 TL englischer Senf
- 1 EL frisch gehackter Schnittlauch
- 1 EL frisch gehackte Petersilie

1. Die Blumenkohlröschen in einem großen Topf mit kochendem, leicht gesalzenem Wasser 6–8 Minuten garen, bis sie weich sind, aber noch Biss haben. Abgießen und beiseitestellen. Den Backofen auf 200 °C vorheizen.

2. Den Wein mit dem Lorbeerblatt in einem Topf aufkochen und auf die Hälfte reduzieren. Dann Milch, Butter und Mehl mit dem Schneebesen einrühren, bis die Butter zerlassen ist. Weiter mit dem Schneebesen rühren, bis die Sauce kocht und andickt. 1 Minute weiterköcheln.

3. Vom Herd nehmen. Gouda und Parmesan mischen und zwei Drittel des Käses in die Sauce geben. Rühren, bis der Käse geschmolzen ist, dann Senf, Schnittlauch und Petersilie einrühren. Vom Herd nehmen und das Lorbeerblatt entfernen.

4. Ein wenig Sauce über den Boden einer Auflaufform gießen. Die Blumenkohlröschen in die Auflaufform füllen und gleichmäßig verteilen. Die restliche Sauce über den Blumenkohl löffeln und mit dem restlichen Käse bestreuen. Im vorgeheizten Ofen 20 Minuten backen, bis die Oberfläche leicht gebräunt ist und brodelt. Sofort servieren.

Das klassische Rezept haben wir hier mit Wein, frischen Kräutern und herzhaftem Parmesan verfeinert.

Krautsalat

Zutaten

Für 10 · Vorh. 10 Min.

- 150 ml Mayonnaise (s. S. 107)
- 150 g Naturjoghurt
- 1 Spritzer Tabasco
- Salz und Pfeffer
- 1 Weißkohl
- 4 Karotten
- 1 grüne Paprika

1. Mayonnaise, Joghurt, Tabasco, Salz und Pfeffer in einer kleinen Schüssel verrühren. Bis zum Gebrauch in den Kühlschrank stellen.

2. Den Weißkohl vierteln und den harten Strunk entfernen. Den Kohl fein hobeln und unter fließend kaltem Wasser waschen. Auf Küchenpapier sorgfältig trocknen. Die Karotten schälen und mit einer Reibe oder in der Küchenmaschine reiben oder zerkleinern. Die Paprika vierteln und entkernen und in feine Streifen schneiden.

3. Alle Gemüsesorten in einer großen Schüssel vermengen. Das Dressing darübergießen und unter das Gemüse mischen. Abdecken und bis zum Verzehr im Kühlschrank aufbewahren.

Um den Krautsalat etwas bunter zu machen, ersetzen Sie einen halben Weißkohl durch einem halben Rotkohl.

Neue Kartoffeln

in Knoblauch-Chili-Butter

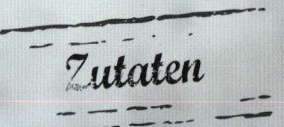

Zutaten — Für 4 — Vorh. 10 Min. — Garen 20 Min.

700 g neue Babykartoffeln
40 g Butter
1 Knoblauchzehe, fein gehackt
1 frische rote Chili, entkernt und fein gehackt
Salz und Pfeffer
frisch gehackter Koriander, zum Garnieren

1. Leicht gesalzenes Wasser in einem großen Topf zum Kochen bringen, die Kartoffeln hineingeben, aufkochen und 15 Minuten kochen, bis sie weich sind. Abgießen und beiseitestellen.

2. Die Butter in einem großen Topf zerlassen, Knoblauch und Chili hineingeben und auf kleiner Stufe 30 Sekunden dünsten; der Knoblauch darf nicht braun werden.

3. Die Kartoffeln zufügen und umrühren, damit sie von allen Seiten mit Butter überzogen werden, anschließend mit Salz und Pfeffer würzen. Mit gehacktem Koriander bestreuen und heiß servieren.

Alkohol
  Limetten-Tequila-Marinade 86
  Rib-Eye-Steak
    im Whiskyrausch 18
Barbecuesauce 115
Basilikum
  grüne Kräutermarinade 20
  Zitronen-Basilikum-Pesto 34
Beefsteak-Tatar 76
Beef Wellington 68
Blumenkohl,
  überbackener 120
Brust
  Zarte Rinderbrust 28
Butter
  Bloody-Mary-Butter 36
  Brunnenkressebutter 50
  Knoblauch-Chili-Butter 124
Carpaccio 74
Dip
  Blauschimmelkäse-Dip 112
  Gurkendip 84
Dressing: Senf-Dressing 52
Estragon
  Estragonpilze 48
  grüne Kräutermarinade 20
  Sauce béarnaise 54
Filet
  Beefsteak-Tatar 76
  Beef Wellington 68
  Rinderfilet-Medaillons 66
  Rindfleisch-Carpaccio 74
Flank-Steak
  in der besten Barbecue-
  marinade 64

Gefülltes Steak
  mit Ziegenkäse und Minz-
  Couscous 90
Kartoffeln, neue 124
Kartoffelpuffer 100
Käse
  Blauschimmelkäse-Dip 112
  Carpaccio 74
  Gefüllte Ofenkartoffeln 116
  Gorgonzola-Kruste 24
  Käsemakkaroni 102
  Steakhouse-Burger
    mit herzhaftem Gruyère 62
  Überbackener Blumen-
    kohl 120
  Zitronen-Basilikum-Pesto 34
Krautsalat 122
Kruste
  Chilikruste 84
  Gorgonzola-Kruste 24
  scharfe Chilikruste 70
  scharfe Meerrettich-
    kruste 32
Kurzrippensteak
  in Rotweinmarinade 22
Maiskolben 112
Marinade
  asiatische Marinade 94
  Barbecuemarinade 64
  Chili-Knoblauch-
    Marinade 56
  grüne Kräutermarinade 20
  Ingwer-Soja-Marinade 92
  Limetten-Tequila-
    Marinade 86

  Rotweinmarinade 22
  Whiskyrausch 18
  würzige Trockenmarinade 28
  Zitronen-Thymian-
    Marinade 78
Mayonnaise 107
Minz-Couscous 90
New York Strip-Steak
  mit Estragonpilzen 48
Ofenkartoffeln,
  gefüllte 116
Oregano
  Barbecuesauce 38
  feurige Paprika-Salsa 40
  Limetten-Tequila-
    Marinade 86
  Whiskyrausch 18
  würzige Trockenmarinade 28
Paprika-Salsa, feurige 40
Pesto: Zitronen-Basilikum-
  Pesto 34
Petersilie
  Beefsteak-Tatar 76
  Beef Wellington 68
  Biersauce 66
  Gefülltes Steak
    mit Ziegenkäse und Minz-
    Couscous 90
  grüne Kräutermarinade 20
  feurige Paprika-Salsa 40
Pilze: Estragonpilze 48
Pommes frites, dreifach
  gegart 110
Porterhouse-Steak mit
  Chili und Knoblauch 56

Prime Rib
  mit Meerrettichsauce 42
Rahmspinat 104
Ranch-Steak
  in Gorgonzola-Kruste 24
Rib-Eye-Steak
  im Whiskyrausch 18
  mit feuriger Paprika-
  Salsa 40
Rinderfilet-Medaillons
  mit Biersauce 66
Rinds-Carré
  mit scharfer Meerrettich-
  kruste 32
Rippe
  Kurzrippensteak 22
  Leckere Rippchen 38
  Prime Rib 42
  Rib-Eye-Steak 18, 40
  Rinderrippchen 26
  Rinds-Carré 32
Rosmarin
  Rosmarin-Rotwein-Sauce 96
  Rotweinmarinade 22
  Top-Round-Steak 46
Rumpsteak
  in Limetten-Tequila-
  Marinade 86
  in Zitronen-Thymian-
  Marinade 78
  mit scharfer Chilikruste 70
  mit Sesam und scharfem
  Asia-Gemüse 82
Rumpsteak-Sandwich
  mit Senf-Dressing 52

Saucen
  Mayonnaise 107
  Barbecuesauce 38
  Biersauce 66
  Meerrettichsauce 42
  Pfeffersauce 58
  Rosmarin-Rotwein-
  Sauce 96
  Sauce béarnaise 54
  Speck und Kräuter-
  sauce 26
  Tomatenketchup 114
  würzige Bratensauce 46
Schulterscherzel
  in Rosmarin-Rotwein-
  Marinade 96
Schultersteak
  in grüner Kräuter-
  marinade 20
  mit Zitronen-Basilikum-
  Pesto 34
Senf, hausgemachter 106
Sesamsteak
  in Ingwer-Soja-
  Marinade 92
Sichuan-Steak
  auf Nudeln und Salat 88
Sirloin-Steak
  mit Brunnenkressebutter 50
Skirt-Steak
  mit Bloody-Mary-Butter 36
Steakfinger
  in Chilikruste mit
  Gurkendip 84

Steakhouse-Burger
  mit herzhaftem Gruyère 62
Strip-Steak
  mit Sauce béarnaise 54
T-Bone-Steak
  mit Pfeffersauce 58
Tomatenketchup 114
Top-Round-Steak
  mit würziger Bratensauce 46
Tri-Tip-Steak
  in asiatischer Marinade 94
Thymian
  Biersauce 66
  grüne Kräutermarinade 20
  Rosmarin-Rotwein-Sauce 96
  Rotweinmarinade 22
  Whiskyrausch 18
  Zitronen-Thymian-
  Marinade 78
Zwiebelringe 108